Anita Paulißen

Pflegeleichte Zimmerpflanzen

Garantiert robuste Zimmerpflanzen
Mit wenig Aufwand optimales Ergebnis
Für Vielreiser, Singles und Pflegemuffel

AUGUSTUS

Pflanzen allein zu Haus

Kaum jemand kommt auf die Idee, Kunstblumen aufs Fensterbrett zu stellen. Und das, obwohl diese vom Original fast nicht mehr zu unterscheiden sind. Mehr Aufwand als Entstauben müsste im Zimmergarten heute nicht sein.

Dennoch: Lebendige Pflanzen sind für uns offensichtlich unverzichtbar. Je mehr der Umgang mit Pflanzen aus unserem Alltag verschwindet, desto stärker der Wunsch, ihnen wieder zu begegnen. Woher stammt diese neue Lust auf Pflanzen? Eine Art Urinstinkt in uns, der meint, dass wir uns ohne Pflanzen in einer lebensfeindlichen Umgebung (Wüste, Tiefsee oder Hochgebirge) befinden? Vielleicht gerät uns ohne Pflanzen aber auch die innere Uhr für die Jahreszeiten durcheinander. Denn Färbung und Zustand des Pflanzenkleides, die sich im Rhythmus des Jahres verändern, bestimmen unbewusst unser Zeitgefühl.

Vielleicht offenbart der Garten im Haus aber auch nur eine neu entdeckte Lust auf die eigenen vier Wände: Zimmerpflanzen als Schmuckstücke, die Streicheleinheiten für Auge, Nase und Seele bieten. Damit wir bürogestressten Menschen Entspannung finden in grünen Oasen, lebenden Nischen und zwischen berankten Wänden.

Wie dem auch immer sei, hier geht es uns um Zimmerpflanzen, die uns nicht ständig brauchen. Die auch mal alleine zu Hause bleiben können. Und die mehr uns pflegen als wir sie. Um Pflanzen für Menschen, die zwar allein wohnen, ihr Zuhause aber gern mit lebenden Wesen teilen. Um Pflanzen für Singles also, wie man diese weit verbreitete Daseinsform nennt. Egal, ob gerade erst dem elterlichen Zugriff entflohen, in festen Händen, geschieden oder allein zurückgeblieben, immer sind wir selten zu Hause und häufig im Büro, im Urlaub oder in privater Gesellschaft unterwegs. Was bleibt, sind wenige Minuten für flüchtige Sorge um grüne Genossen. Was fehlt, sind Zeit für komplizierte Prozeduren, Pflege-Erfahrung und Pflanzen-Kenntnis. Unter Umständen fließen auch die finanziellen Mittel in eine andere Richtung.

Trotzdem braucht niemand auf grüne Begleitung verzichten. Unabhängige und schöne Pflanzen gibt es reichlich. Wir stellen sie hier mit all ihren Eigenarten vor. Und sorgen dafür, dass Ihr Zimmergarten auch im Vorbeigehen gedeiht. Kontakt durch Blumen und Pflanzenliebe auf Zeit sind ebenso ein Thema wie etwa die Jah-

Pflanzen, die sich selbst genügen.

reszeiten in der Wohnung und Pflanzen für extreme Standorte. Natürlich bleibt auch nicht unerwähnt, welche Pflanzen giftig sind und welche das Raumklima spürbar verbessern.

Und wenn trotzdem noch Fragen offen sind, dann besuchen Sie unsere Zimmerpflanzen-Online-Praxis *(www.pflanzenpraxis.de)* im Internet.

Pflege zwischen Tür und Angel

Alle Pflanzen brauchen Licht, Luft und Wasser sowie Mineralien und Substrat; Zimmerpflanzen auch. Wenn es dann noch angenehm warm ist, kann fast nichts mehr schief gehen.

1. Schritt: Der richtige Standort

Wenn Sie wenig Probleme mit Pflanzen haben möchten, dann achten Sie besonders auf den Standort. Ein ungeeigneter Standort führt unweigerlich zu Kümmerwuchs, Krankheiten oder Schädlingen. Verschenken Sie die Pflanze lieber, wenn sie keinen geeigneten Standort haben, bevor es ihr richtig schlecht geht. Das Auto braucht Benzin. Der Kühlschrank funktioniert mit Strom. Pflanzen arbeiten mit Sonnenlicht. Eine simple Erkenntnis. Trotzdem leiden immer noch Zimmerpflanzen unnötig unter Lichtmangel. Man erkennt ihn an der unnatürlich großen Verlängerung der Stängelabschnitte zwischen den Blättern. Die Blätter selbst bleiben klein und verblassen.

Verzichten Sie auf einen Zimmergarten, wenn es nicht hell genug ist. Sie fahren ja auch nicht ohne Benzin Auto. Und achten Sie bei der nächsten Wohnung auf ausreichend helle Räume. Fehlendes Sonnenlicht ist nun mal nicht zu ersetzen.

Am einfachsten ist die Sache bei einem hellen Standort ohne direkte, pralle Mittagssonne. Hier gedeihen alle Pflanzen eine Zeit lang. Besonders sonnenhungrige Pflanzen verändern aber vielleicht ihre Färbung.

Problematische Ecken sind solche, die direkte Mittagssonne erhalten oder recht dunkel sind. Hierfür eignen sich jeweils nur bestimmte Pflanzen, die wir deshalb gesondert vorstellen (Sonnenkinder ab Seite 54, Schattenpflanzen ab Seite 59).
Neben dem Lichtangebot bestimmen die Temperaturverhältnisse entscheidend über das Wohlergehen der Pflanze. Denn Pflanzen sind wechselwarm. Sie übernehmen die Temperatur ihrer Umgebung. Und die einzelnen Pflanzenarten haben leider unterschiedliche Ansprüche. Am besten eignen sich Zimmerpflanzen, die ganzjährig etwa 18–22 °C benötigen und mit niedriger Luftfeuchtigkeit auskommen. Das ist die Standard-Temperatur in beheizten Wohnräumen.

Wohnen mit Pflanzen: für jedes Zimmer und für jeden Standort findet sich etwas.

Die so genannten Warmhauspflanzen gedeihen am besten bei Temperaturen oberhalb dieses Bereiches. Sie vertragen auch im Winter keine Temperaturen

Schöne Pflanzen brauchen vor allem eine passende Umwelt.

unter 18 °C und benötigen meist eine hohe Luftfeuchtigkeit.

Die so genannten Kalthauspflanzen eignen sich kaum für eine längere Kultur im Zimmer. Sie möchten den Sommer im Freien verbringen. Für den Winter sollten die Temperaturen zwischen 5–15 °C liegen.

Zu Problemfällen werden häufig Pflanzen, die das Jahr über gerne zimmerwarm stehen, im Winter aber eine Ruhephase in einem unbeheizten, hellen Raum benötigen. Wenn es sich einrichten lässt, sollte man ihnen diesen „Winterschlaf" unbedingt gewähren.

2. Schritt: Gießen

Ideal sind für uns Pflanzen, die man nicht häufig gießen muss. Meist speichern sie Wasser im Gewebe. Ihr Substrat darf ruhig weitgehend austrocknen. Erst dann wird wieder einmal kräftig (!) gegossen. Oft reicht es, einmal im Monat zu gießen.

Die meisten Zimmerpflanzen hält man aber leicht feucht. Das Substrat sollte zwischen den Gießvorgängen oberflächlich etwas antrocknen, damit Luft an die Wurzeln gelangt. Diese Pflanzen gießt man einmal in der Woche; an warmen Tagen im Sommer kontrolliert man besser zwei- bis dreimal in der Woche.

Arbeitsintensiv sind Pflanzen, die ständig feucht gehalten werden müssen. Aber auch hier darf das Wasser im Untersetzer nicht länger als eine halbe Stunde stehen bleiben. Eine tägliche Kontrolle ist im Winter und an warmen Sommertagen zu empfehlen, sonst gießt man alle zwei bis drei Tage. Sinnvoller ist es jedoch, eine der Methoden zur Urlaubsbewässerung (siehe Seite 11 ff.) ständig anzuwenden. Das spart viel Arbeit.

Noch ein Wort zur Gießwasserqualität: Als Wasser steht meistens nur Leitungswasser zur Verfügung. Damit müssen sich unsere Pflanzen eben abfinden. Besser wäre natürlich weiches Wasser wie Regenwasser oder entkalktes Leitungswasser; aber wer hat das schon.

Man verwende das Leitungswasser aber nur im äußersten Notfall leitungskalt! Besser ist es, eine Gießkanne voll abzufüllen und zimmerwarm werden zu lassen. Denn mit eiskaltem Wasser begossen stellen die Wurzeln sofort jegliche Aktivität ein (weil wechselwarm, siehe oben). Wir können nur deshalb ohne Probleme kalt duschen, weil unsere Körpertemperatur konstant hoch bleibt. Wären wir wechselwarm wie Pflanzen, könnten wir uns nach einem kalten Schauer nicht mehr aus der Dusche herausbewegen.

Bis auf ganz wenige Ausnahmen, wo es ausdrücklich erwähnt wird, darf niemals lange Wasser im Untersetzer stehen bleiben. Die Wurzeln von Pflanzen atmen genauso wie wir den Sauerstoff aus der (Boden)luft. Deshalb darf auch das Erdreich nicht so stark verdichtet sein oder unter Wasser stehen, dass keine Luft mehr hindurchkommt. Wurzeln halten es zwar länger ohne Sauerstoff aus als wir, bzw. können auch die geringen im Wasser gelösten Anteile von Sauerstoff noch nutzen, doch viele Pflanzen ertragen längeres Stehen im Wasser nicht. Deshalb: Schütten Sie überschüssiges Wasser nach einer halben Stunde ab. Und gießen Sie beim nächsten Mal etwas weniger großzügig. Dieser Punkt ist sehr wichtig. Stehende Nässe ist einer der häufigsten Pflegefehler bei Zimmerpflanzen.

Benutzen Sie vorbeugend flache, kleine Untersetzer, die nicht viel Wasser aufnehmen. Bei eng anliegenden Übertöpfen ist es sehr schwierig, den Wasserstand im Topf zu überprüfen. Achten Sie dann darauf, dass Sie zur Kontrolle die Pflanze leicht herausnehmen können. Besser ist es, wenn der Übertopf so groß dimensioniert wird, dass sie auf den Boden schauen können. Zumindest sollte sich aber ein Streifen Pappkarton dazwischen schieben lassen, mit dem man feststellt, ob Wasser im Übertopf steht oder nicht (so ähnlich wie beim Überprüfen des Ölstandes im Auto). Man kann auch vorsichtig ein saugfähiges Holzstäbchen bis unten in die Erde stecken. Das untere Ende darf nicht triefend nass werden.

Sie brauchen auch keine Angst zu haben, dass ihre Pflanzen zu wenig Wasser bekommen, ohne dass Sie es bemerken. Sie zeigt es Ihnen nämlich sehr deutlich. Zunächst hängen die Blätter und Triebe schlaff herab. (Jetzt können Sie sie noch schnell retten.) Dann vertrocknet sie vollständig im grünen Zustand. Braune Blattränder und Blattspitzen sind dagegen eher ein Zeichen für zu wenig Luftfeuchtigkeit im Zimmer. Dann also lieber für mehr Luftfeuchtigkeit sorgen.

Da Pflanzen über die Blätter den benötigten Sauerstoff tagsüber selbst produzieren, ist gründliches Lüften für sie nicht so entscheidend. Aber etwas Luftaustausch muss schon sein, insbesondere bei Rauchern und wenn viele Menschen im Zimmer waren, die auch Sauerstoff verbrauchen. Wichtig dabei: Vermeiden Sie Zugluft, insbesondere wenn es draußen kälter ist als drinnen.

3. Schritt: Düngen

Die beiden ersten Maßnahmen (Standortwahl und Gießen) sind das A und O bei der Pflanzenpflege. Eine frisch eingetopfte Pflanze kann ohne weiteres ein bis zwei Monate ohne zusätzliche Maßnahmen überdauern. Wächst sie in diesem Zeitraum prächtig weiter, dann machen Sie alles richtig. Treten aber bereits jetzt Probleme auf, überprüfen Sie Standort und Gießverhalten und beseitigen Sie Unstimmigkeiten.

Dass der Nährstoffvorrat im Boden immer mehr abnimmt, merkt man daran, dass die Pflanze allmählich insgesamt schlechter wächst und eventuell blasse Blätter entwickelt. Dann düngt man die Pflanze zusätzlich. Dazu gibt man die empfohlene Menge eines geeigneten Flüssigdüngers ins Gießwasser. Dieses verabreicht man den meisten Pflanzen während der Wachstumszeit (von April bis Oktober) etwa zweimal im Monat. Langsam wachsende Pflanzen werden nur einmal monatlich gedüngt; stark wachsende Pflanzen dagegen jede Woche. Schwach wachsende Pflanzen wie die fleischfressenden Pflanzen werden gar nicht gedüngt. Auch Pflanzen in der Ruhephase werden nicht gedüngt. Ganzjährig wachsende Pflanzen wie den Gummibaum düngt man im Winter nur einmal pro Monat. Salzempfindliche Pflanzen oder kränkelnde Pflanzen gießt man mit einer stärker verdünnten Lösung.

Grundsätzlich gilt: Lieber zu wenig düngen als zu viel. Und nur düngen, wenn die Erde feucht ist. Denn zu viel Nährsalz versalzt auch Pflanzen die Suppe. Also bei stark ausgetrockneten Pflanzen erst gießen und einen Tag später düngen. Hat man einmal das Düngen vergessen, nimmt man nicht beim nächsten Mal doppelt so viel, sondern lässt es einfach ausfallen.

Weniger Arbeit macht Dünger in fester Form, als Düngerstäbchen oder -kugeln. Die Pflanzen können ihn aber nur verwerten, wenn er sich im Bodenwasser aufgelöst hat, weil sie alle Nährsalze grundsätzlich nur in flüssiger Form aufnehmen. Flüssigdünger wirkt also schneller.

Pflanzendünger bieten neben den Hauptnährstoffen Stickstoff, Phosphor und Kalium häufig auch wichtige Spurenelemente wie Eisen, Mangan usw. Sie variieren in der mengenmäßigen Zusammensetzung aber je nach Verwendungszweck (Pflanzengruppe). Man macht deshalb wenig falsch, wenn man den Dünger wählt, der entsprechend den Herstellerangaben für die betreffende Pflanzengruppe (Blütenpflanzen, Blattpflanzen, Kakteen usw.) entwickelt wurde.

Wenn die Pflanzen auffallend blasse oder verfärbte Blätter bekommen, sollte man überprüfen, ob der verwendete Dünger alle lebensnotwendigen Nährelemente enthält. Das ist gerade bei preiswerten Produkten meist nicht der Fall.

Mit festen Düngern ist eine Düngung auf Vorrat möglich. Man steckt die empfohlene Menge an Stäbchen im Frühjahr in die Erde oder mischt die Düngekügelchen im Frühjahr unter die Pflanzerde. Über Wochen und Monate werden die Pflanzen so mit allem versorgt, was sie brauchen. Dann reicht oft eine Düngung pro Jahr.

4. Schritt: Umtopfen
Spätestens wenn die Wurzeln aus dem Topf dringen, wird es Zeit fürs Umtopfen. Auch bei starken, weißlichen Salzkrusten auf dem Erdreich empfiehlt es sich, die Pflanze in frische Erde zu setzen. Der beste Zeitpunkt ist mit Beginn des neuen Wachstums im Frühjahr oder nach Ende der Ruheperiode, wenn diese nicht im Winter stattfindet.

Für die meisten Pflanzen reicht Universalblumenerde. Der Handel bietet darüberhinaus aber auch Spezialsubstrate für Kakteen, Orchideen, Palmen, Bonsai usw. an, die speziell für diese Pflanzengruppen zusammengestellt wurden. Damit macht man wenig falsch.

Das Schwierigste beim Umpflanzen ist meist, eine gut durchwurzelte Pflanze aus dem Topf zu bekommen. Die Abbildung (siehe rechts) verdeutlicht, wie es die Profis machen. Im Ernstfall zerschneiden oder zerschlagen Sie lieber den Topf als dass das Wurzelwerk zu sehr Schaden nimmt.

Dann entfernt man etwas von der alten Erde, wählt einen etwas größeren Topf und füllt etwas Erde ein. Man setzt den Wurzelballen so ein, dass die Pflanzen wieder etwa gleich tief in der Erde steckt und füllt den Topf bis zum Rand mit Erde auf. Dann drückt man das Substrat gut an, so dass sich ein ordentlicher Gießrand ergibt. Anschließend kräftig wässern.

Für den pflegeleichten Zimmergarten benutzt man Kunststofftöpfe. Diese verdunsten nicht zusätzlich Wasser, lassen sich auch bepflanzt noch leicht tragen und sind in vielen Größen und Formen preiswert erhältlich. Damit große Pflanzen trotz der leichten Plastiktöpfe stabil genug stehen, stellt man sie in einen schweren Übertopf.

Umtopfen ist höchstens einmal pro Jahr, meist aber nur alle zwei Jahre oder seltener angesagt. Nimmt man sich keine Zeit fürs Umtopfen von stark durchwurzelten Töpfen, muss man mehr Aufwand fürs Gießen und Düngen einplanen. Der Bedarf an Wasser und Düngung steigt an, je weniger nicht durchwurzelte Erde im Topf vorhanden ist.

Bei guter Vorbereitung ist alles im Handumdrehn umgetopft.

5. Schritt: Hausputz im Zimmergarten

Im Laufe der Zeit verstauben auch unsere Pflanzen. Hier hilft nur: abwischen, abbrausen mit zimmerwarmen Wasser oder in einen warmen, sanften Regen stellen. Eine anschließende Behandlung mit einem Blattglanzspray sorgt für einen schöne Optik. Dieser wird aber nicht von allen Pflanzen vertragen, deshalb sollten Sie ihn zunächst nur an einem Blatt ausprobieren.

Abgestorbene Blätter, Blüten oder Triebe werden grundsätzlich so schnell wie möglich entfernt, damit sich keine Krankheiten oder Schädlinge einnisten können.

Wird die Pflanze zu groß, hilft nur Aufbinden oder Rückschnitt. Zum Aufbinden bieten die Pflanzencenter vielfältige Lösungen (vom Moos- und Bambusstab bis zum Drahtbogen) an. Blumendraht, Bast oder Kordel eignen sich zur Befestigung.

Der Rückschnitt erfolgt wie das Umtopfen nach Ende der Ruheperiode zu Beginn des neuen Wachstums, sonst treibt die Pflanze eventuell nicht wieder aus. Einen Rückschnitt vertragen jedoch nicht alle Pflanzen. Wir erwähnen dies bei der jeweiligen Beschreibung. Luftwurzeln sollten grundsätzlich nicht entfernt werden. Zum Rückschnitt verwendet man eine scharfe Schere und schneidet kurz über einer Blatt- oder Seitentriebknospe. Tritt Milchsaft aus der Schnittstelle, kann man die Blutung mit Zigarettenasche stillen.

Untergründiges: Erde, Hydro, Seramis®

Als sinnvolle Alternative zur Erdkultur empfiehlt sich für vielbeschäftigte Singles die Pflanzenkultur in Hydro oder Seramis®. Das ist zwar teurer, macht aber weniger Arbeit. Und so funktioniert's:

Hydrokultur

Bei der Hydrokultur wachsen die Pflanzen nicht in Erde, sondern in einer Nährlösung. Viele Zimmerpflanzen eignen sich für diese Kulturform. Wir weisen bei der Artbeschreibung darauf hin. Für die Kultur verwendet man ein spezielles durchlöchertes Einsatzgefäß mit einem Wasserstandsanzeiger. In diesem sitzt die Pflanze, gehalten durch Blähton. Das Ganze stellt man in ein Mantelgefäß oder einen Übertopf und füllt mit der Nährlösung bis zur Optimal-Anzeige auf. Der Blähton wird vor der ersten Verwendung gewaschen und ist in verschiedenen Körnungen erhältlich.

Zur Düngung verwendet man entweder handelsübliche vollwertige Flüssigdünger, die dem Wasser zugesetzt werden, oder man setzt spezielle Nährstoffbatterien oder Pulver als Langzeitdünger in den Topfboden ein, die nach und nach ihre Mineralien freigeben. Der Flüssigdünger reicht für vier bis sechs Wochen, der Langzeitdünger für sechs Monate. Zwischen den Düngergaben und im Winter füllt man etwa alle zwei Wochen nur mit Wasser bis zur Optimal-Markierung auf, aber erst, wenn der Wasserstand bis unter die Minimum-Markierung gefallen ist. Wichtig ist, dass Hydropflanzen vorgewärmtes Wasser bekommen. Ein Platz über der Heizung ist für sie besonders vorteilhaft.

Riecht das Wasser faulig, sollte die gesamte Kultur gereinigt und die Nährlösung erneuert werden. Umgetopft wird ansonsten erst, wenn die Wurzeln den Einsatz zu sprengen drohen oder die Pflanze zu groß oder zu schwer für den Topf wird.

Man kann auch ältere Pflanzen auf Hydrokultur umstellen, leichter ist es aber, bereits von klein auf in Hydro zu kultivieren. Möchten Sie Ihre Pflanzen selbst

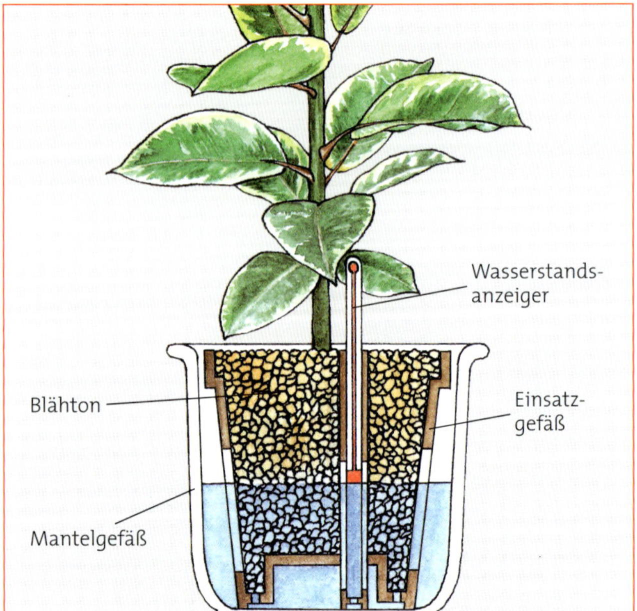

Hydropflanzen kommen auch allein zurecht.

auf Hydro umsetzen, entfernen Sie zunächst äußerst sorgfältig alle Erdreste. Andernfalls droht Fäulnis. Am besten klappt die Umstellung im Frühling. Man verwendet zunächst nur abgestandenes, zimmerwarmes Wasser und beginnt nach zwei bis drei Wochen mit der Zugabe von Flüssigdünger. Solange brauchen die Pflanzen, bis sie die wichtigen, typischen Hydropflanzen-Wurzeln ausgebildet haben.

Seramis®kultur

Bei der Kultur in Seramis® setzt man die Pflanze samt Erdballen aber ohne Kunststoff-Topf in einen großen Übertopf, der mit dem porösen Seramis®-Tongranulat gefüllt ist. Die Pflanzenwurzeln verbleiben ungestört in ihrer gewohnten erdigen Umgebung. Deshalb kann man alle Pflanzen in Seramis® einbetten und dies auch zu jeder beliebigen Jahreszeit tun. Ein Gießanzeiger, der in den Erdballen gesteckt wird, gibt Auskunft über den Wasserbedarf. Der Vorteil dieser Kulturform: Man gießt auf Vorrat.

Vorgehensweise: Sie benötigen einen Übertopf, der etwa dreimal so groß ist wie der Wurzelballen der Pflanze. Sie sollten das Volumen des Topfes genau kennen oder gegebenenfalls noch bestimmen. In den Topf geben Sie nun ein Drittel Seramis®-Substrat, setzen die Pflanze mit ganzem Wurzelballen in die Mitte auf das Granulat und füllen mit dem restlichen Drittel Seramis®-Substrat auf. Vergessen Sie nicht, den Seramis®-Gießanzeiger vorsichtig in den Wurzelballen einzusetzen.

Nach dem Einsetzen wird mit einer Wassermenge gegossen, die einem Viertel des Topfvolumens entspricht. Im Verlauf der nächsten zwei Stunden verändert sich der Gießanzeiger in der Farbe. Die Anzeige wechselt von Rot nach Blau. Sie gießen dann erst wieder mit gleicher Wassermenge, wenn ein Farbumschlag auf Rot Sie dazu auffordert. Zur Düngung der Pflanzen fügt man dem Gießwasser Flüssigdünger in der empfohlenen Konzentration bei.

Sollen mehrere Pflanzen zusammen in eine Schale gesetzt werden, benötigt man nur einen Gießanzeiger. Auch wenn die Wurzelballen der einzelnen Pflanzen unterschiedlich tief reichen, werden doch durch die Kapillarkräfte der porösen Tone alle ausreichend mit Wasser, Sauerstoff und Nährsalzen versorgt.

Nur selten, erst wenn das Wurzelwerk oder die Pflanze zu groß wird, muss man eine Seramis®-Kultur in ein größeres Gefäß umsetzen.

Probleme können auftreten, wenn das Gießwasser zu hart ist oder zu stark gedüngt wird. Dann kommt es zu Salzablagerungen in den Tonporen, die diese verstopfen. Deshalb möglichst mit abgekochtem Wasser gießen und die Düngung reduzieren, wenn die Pflanze krank ist oder wegen einer Ruhephase nicht wächst.

Überleben im Urlaub

Was tun, wenn kein netter Nachbar zum Blumengießen zur Verfügung steht?

Sind Sie nur kurzfristig abwesend, reicht es aus, durch vorbeugende Maßnahmen den Wasserbedarf zu senken: Zum Beispiel, indem man die Zimmertemperatur auf 16 bis 18 °C senkt. Der Wasserverbrauch sinkt. Oder man stellt die Pflanzen vom Fenster weg und verdunkelt den Raum etwas. Auch dann benötigen die Pflanzen weniger Wasser. Gleiches gilt,

Dicke und Anzahl der Dochte bestimmen, wie viel Wasser die Pflanzen erhalten.

wenn die Luft im Zimmer feuchter ist. Deshalb hilft das Aufstellen von flachen, wassergefüllten Schalen. Vor der Abreise noch einmal kräftig gießen.

Bei längerer Abwesenheit reichen diese Tricks jedoch nicht. Haben Sie einen Garten oder Hinterhof zur Verfügung, kann man einige Pflanzen im Sommer dort unterbringen und an einer halbschattigen Stelle ohne Topf eingraben. Die Pflanze zusätzlich gut mit Grasschnitt oder Laub mulchen und kräftig angießen.

Wasser auf Vorrat

Es gibt verschiedene Möglichkeiten, den Pflanzen Wasservorräte für ihre Abwesenheit zu verschaffen. Man verwendet zum Beispiel Balkonkästen mit einem Reservoir. Und setzt die Pflanzen ohne Topf in ein Bett aus Seramis®-Granulat oder Torf.

Oder nach Großmutters Art: Man fülle einen Eimer mit Wasser und stelle ihn höher als die Pflanzen, die versorgt werden sollen. Diese sind durch Lampen- oder Glasfaserdochte, Wollfäden oder Filzmatten mit dem Vorratsbehälter verbunden.

Auch die Flaschenmethode ist uralt. Heute verwendet man als Substrat entweder Grolit, Hydro-Blähton oder Seramis®-Tongranulat. Das Ganze sollte auf jeden Fall bereits vor dem Urlaub ausprobiert werden. Am längsten funktioniert es, wenn die Pflanzen halbschattig und kühl in möglichst luftfeuchter Umgebung stehen. Sind keine großen Schüsseln oder Bottiche zur Hand, tut es auch die Spüle oder die Badewanne. Hier kann man auch den Hahn noch schwach tröpfeln lassen.

Im Fachhandel sind aber auch automatische Bewässerungssysteme erhältlich. Sie versorgen die Pflanzen zeit- oder computergesteuert bzw. bedarfsgeregelt automatisch mit Wasser. Für

Die gesteuerte Bewässerung mit Vorratsbehälter und Pumpe erfordert einen größeren Geldbeutel.

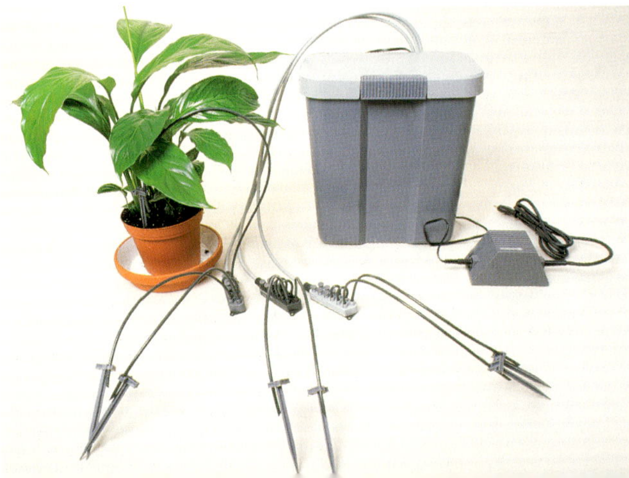

Aufwändig, aber wirkungsvoll: Eine wassergefüllte Flasche dient als Reservoir.

den ständigen Gebrauch eignen sich zum Beispiel Tonkegel. Diese werden ins Erdreich gesteckt und sind über dünne Schläuche mit einem Wasservorrat verbunden. Je trockener die Pflanzen werden, desto mehr Wasser wird angesaugt.

Aufwendiger ist ein System mit Vorratsbehälter und Pumpe. Gesteuert durch eine Zeitschaltuhr erhalten die Pflanzen in regelmäßigen Abständen eine bestimmte Menge Wasser.

Bei vielen Pflanzen verwendet man ein anderes System, das direkt an die Wasserleitung angeschlossen wird. Ein Computer steuert die Bewässerung. Wichtig ist aber auch bei diesen Verfahren, sie vor dem Urlaub auszuprobieren. Denn die individuelle Einstellung der Wassermengen und Gießintervalle erfordert etwas Experimentierfreude und entsprechende Anlaufzeit.

Hydropflanzen und Seramis®-Kulturen kann man ein bis zwei Wochen allein lassen, weil es sich ja bereits um Langzeitbewässerungen handelt. Für längere Abwesenheit reicht der Wasservorrat nur aus, wenn die Übertöpfe groß genug sind.

Hydropflanzen kann man aber auch ohne Übertopf in große wassergefüllte Schüsseln oder die Badewanne stellen. Kulturen in Seramis® müsste man in größere Gefäße umsetzen oder über Dochte oder Schläuche an eines der erwähnten Bewässerungssysteme anschließen.

Wie viel Wasser Pflanzen pro Tag verbrauchen, hängt von Pflanzenart, -größe und -zu-

Wer mehr Raum zur Verfügung hat: Zimmerbrunnen können auch mehr Platz zur Bepflanzung bieten.

Die Grundausstattung für einen Blähton-Brunnen

stand, der Beleuchtung, der Temperatur und der Luftfeuchtigkeit ab. Die Extremisten wie Zypergras oder Zimmerlinde verdunsten mehr als zwei Liter pro Tag, die anderen aber deutlich weniger.

Entspannen am Zimmerbrunnen

Brunnen und Wasserspiele im Zimmer liegen voll im Trend. Alles was man dazu braucht, ist ein Stromanschluss und die Bereitschaft, einmal im Jahr die Pumpe zu reinigen.

Das Plätschern entspannt und beruhigt, die feuchten Oberflächen erhöhen die Luftfeuchtigkeit. Nebelschwaden verhüllen die Minilandschaft in geheimnisvoller Weise. Unterwasser- und Pflanzenleuchten rücken das Ganze ins rechte Licht.

Die in sich geschlossenen Systeme werden mit Hydropflanzen bestückt und entsprechend gepflegt.

Etwas aufwändiger: ein Lavabrunnen. Der Sprudelstein muss durchbohrt werden, die Pumpe befindet sich im braunen Behälter.

So sieht ein Zimmerbrunnen aus.

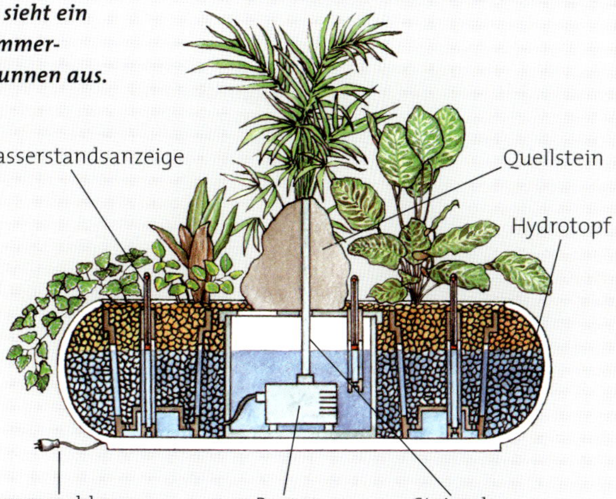

Die Vielfalt der angebotenen Ausführungen in Lava, Marmor, Kiesel oder Glas, Kupfer oder Bambus mit und ohne Pflanzen ist atemberaubend. Spezialisierte Pflanzencenter führen Sie Ihnen vor und beraten Sie gern. Da fertig gestaltete Zimmerbrunnen nicht unbedingt preiswert sind, gibt es kostengünstige Selbstbausätze. Auf diese Weise spart man aber nicht nur Kosten, sondern kann auch eigene Gestaltungsideen einbringen.

Reizvoll ist es, eigene Gefäßlösungen zu entwickeln und selbst gesammelte Felsen und Aststücke zusammen mit schönen Pflanzen zur Schau zu stellen.

Mobil mit Pflanzen

Pflanzen können nicht laufen. Deshalb und wegen ihrer wechselwarmen Natur sind sie auch nicht dafür geschaffen, aus der gemütlich warmen Wohnung plötzlich ins kalte Freie zu wechseln. Oder an einem heißen Tag im Auto herumzustehen. Sie erleiden dabei schlimme Kälte- bzw. Hitzeschäden.

Bei Pflanzenkauf, Transport und Versenden im Winter müssen Zimmerpflanzen unbedingt sehr gut isoliert verpackt werden. Zum Transport kleiner Pflanzen eignen sich Kühltaschen. Größere wickelt man in Papier oder Noppenfolie.

Im Sommer vermeidet man Parkplätze in der prallen Sonne, wenn Zimmerpflanzen an Bord sind. Temperaturen über 40 °C und unter Umständen direkte Sonnenbestrahlung sind ein großes Übel. Während einer Reise sollten die Pflanzen daher beschattet werden. Vorher wässert man sie gründlich.

Ein bis zwei Tage können Pflanzen auch ohne Licht überleben. Danach vergilben die Blätter. Länger sollte also ein Aufenthalt im Karton oder in einem dunklen Raum nicht dauern. Die Minimum-Temperaturen, die Pflanzen noch vertragen, sind von Art zu Art verschieden. Wir erwähnen Sie im Zusammenhang mit der Pflanzenbeschreibung.

Beim Umzug transportiert man Pflanzen separat, möglichst nach dem übrigen Hausrat. Markieren Sie die dem Licht zugewandte Seite vorher, indem Sie auf der Lichtseite ein Streichholz ins Substrat stecken. In der neuen Wohnung sollte man möglichst vergleichbare Standorte suchen und darauf achten, dass die markierte Seite zum Licht gerichtet wird.

Um Transportschäden zu vermeiden, bindet man Palmwedel vorsichtig zusammen und wickelt sie in Matten oder Decken ein.

Große Kübelpflanzen kann man nicht mehr alleine tragen. Innerhalb der Wohnung setzt man belastbare Pflanzenroller ein. Durchs Treppenhaus geht es mit einem speziellen Traggeschirr mit Handgriffen. Auch Sackkarren lassen sich zum Pflanzentransport verwenden.

Man erleichtert sich den Transport von großen Pflanzen, wenn man diese in leichte Plastiktöpfe anstatt in schwere Tontöpfe setzt.

Diese dienen besser als Übertöpfe und werden dann separat transportiert.

Troubleshooting

Es ist hier nicht der Platz für ausführliche „Therapiehinweise". Es seien aber die häufigsten Probleme mit Zimmerpflanzen und ihre Ursachen kurz vorgestellt. Leider sind die Schadsymptome bei Pflanzen aber oft recht wenig spezifisch.

Standortbedingte Schäden

Grundsätzlich überprüft man bei Problemen mit Pflanzen immer zuerst die Standortbedingungen.

Bei Lichtmangel bilden viele Pflanzen keine oder wenige Blüten. Die Stängel sind zu dünn, instabil und lang. Die Blätter bleiben klein und verblassen allmählich.

Buntblättrige Pflanzen verlieren die typische Färbung. Hier fehlt ebenfalls Licht.

Brandflecken auf den Blättern sind ein Zeichen für zuviel direkte Sonne. Welkenden Pflanzen ist es vielleicht zu warm.

Blattfleckenkrankheiten

Wurzelfäule

Zugluft und plötzliche Temperaturschwankungen verursachen plötzlichen Fall von Blüten, Knospen oder Blättern. Auch Positionsveränderungen bewirken bei einigen Pflanzen Knospenfall.

Pflegefehler

Ist der Standort artgemäß, sollte man an Pflegefehler denken.

Braune Spitzen und Ränder sind ein Zeichen für zu trockene Luft oder zu wenig Wasser. Vielleicht ist auch der Topf zu klein. Oder die Pflanze erhielt zuviel Dünger.

Stehende Nässe verursacht verschiedene Symptome. Die Pflanze hört auf zu wachsen und kümmert. Ihre Blätter vergilben und fallen ab. Die Wurzeln faulen. Oft werden diese Symptome falsch gedeutet. Man vermutet, dass die Pflanze an Trockenheit leidet und gießt noch mehr. Durch diesen Kreislauf verschlimmert sich natürlich noch die Situation. Deshalb überprüfen Sie stets vor und nach dem Gießen, ob die Pflanze im Wasser steht.

Schlechtes Wachstum und Verblassung der Blätter deuten auf Düngermangel hin. Erhalten buntblättrige Pflanzen dagegen zu viel Dünger, werden ihre Blätter grün. Werden Blätter allmählich gelb, bleiben aber fest und gesund, verträgt die Pflanze kein kalkhaltiges Wasser bzw. kalkhaltige Erde.

Schädlinge

Leidet die Pflanze unter Pflege- oder Standortfehlern, wird sie häufig anschließend auch das Opfer von Schädlingen. Denn ihre Abwehr ist geschwächt. Deshalb sucht man immer auch nach den folgenden Plagegeistern, die sich besonders gern auf der Blattunterseite und an den Blattachseln und Blattrippen aufhalten. Eine Lupe hilft dabei, denn die Tierchen sind recht klein.

Blattläuse bekämpft man durch Abbrausen, Spritzen

Blattläuse

Schildläuse

mit Nikotinlösung (einige Kippen über Nacht in Wasser einweichen und abseihen) oder Insektizid-Stäbchen, die man in die Erde steckt. Der Wirkstoff gelangt dann über die Wurzel in die Pflanze und erreicht die Insekten beim Saugen.

Schildläuse lassen sich mit dem Fingernagel oder einem kleinen Schaber leicht abheben. Bei stärkerem Befall spritzt man mit ungiftigen Rapsölpräparaten oder Seifen- und Brennspiritus-lösung (etwas Seife oder Brennspiritus in Wasser lösen).

Wollläuse werden wie Schildläuse bekämpft und sind genauso hartnäckig wie diese. Man schiebe eine Behandlung also nicht auf die lange Bank.

Spinnmilben vertreibt man wirksam durch Erhöhen der Luftfeuchte. Dazu kleine Pflanzen in Plastikbeutel geben, durch Sprühen für hohe Luftfeuchte sorgen, und so einige Tage stehen lassen. Spritzungen mit Weiß- oder Rapsölpräparaten oder Insektizidstäbchen bieten sich bei größeren Pflanzen als erste Hilfe an.

Weiße Fliegen fühlen sich von klebrigen, gelben Tafeln (Gelbtafeln kaufen) magisch angezogen. Bei starkem Befall kann man Weiß- oder Rapsölpräparate spritzen.

Thripse bekämpft man, bevor man zu härteren Mitteln greift, auch zunächst mit Rapsölpräparaten. Insektizidstäbchen helfen manchmal ebenfalls.

All diese Schädlinge darf man nicht tolerieren. Befallene Pflanzen sollte man sofort isolieren oder in eine Plastiktüte setzen und verschließen, damit nicht auch die gesunden Nachbarn be-

Wollläuse

Weiße Fliegen

Thripse

fallen werden. Die anschließende Behandlung muss meist nach einiger Zeit wiederholt werden, um auch die inzwischen geschlüpfte Brut zu erfassen. Denn die winzigen Eier entziehen sich den meisten Bekämpfungsmaßnahmen.

Pilz- und Viruserkrankungen

Natürlich können Pflanzen auch richtig krank werden. Eingeschleppte Pilze und Viren sind dafür verantwortlich.

Häufige Krankheiten sind Grauschimmel, Rostpilze, Wurzelfäule, Rußtaupilze, Echter Mehltau, Falscher Mehltau, Mosaikviren und Blattfleckenkrankheiten.

Bei leichtem Befall mit diesen typischen Pflanzenkrankheiten kann man versuchen, die befallenen Blätter und Triebe zu entfernen.

Grundsätzlich sollte man befallene Pflanzen auch isolieren, um Ansteckung zu verhindern. Stark befallene Pflanzen sind ohne Chemie nicht mehr zu retten. Man wirft sie samt Topf weg und desinfiziert Übertöpfe, Messer und Fensterbank mit Sagrotan, um Ansteckungen zu vermeiden. Auch das Händewaschen nicht vergessen! Und befallenes und infektiöses Pflanzenmaterial bitte nicht in den Kompost werfen. Am besten zum Hausmüll geben, damit es verbrannt wird.

Bei wertvollen Pflanzen lohnt sich evtl. eine Behandlung mit Pflanzenschutzmitteln. Dann sollte man sich in einem guten Pflanzencenter zu geeigneten Mitteln beraten lassen. Grundsätzlich verwendet man nur für den vorgesehenen Zweck zugelassene Präparate und nur bei den empfohlenen Pflanzen. Nicht alle Mittel werden immer vertragen!

Vorbeugen ist jedoch besser als heilen: Kaufen Sie keine kranken oder kränkelnden Pflanzen. Lassen Sie auch die Finger von Pflanzen, die beim Händler unter Wassermangel leiden oder bei Kälte draußen angeboten werden. Suchen Sie auf der Blattunterseite nach Schädlingen und achten Sie auf Krüppelwuchs und Verfärbungen. Stellen Sie neue Pflanzen etwas isoliert auf, so dass sie keine anderen berühren, und beobachten Sie ein paar Tage genau, ob sich Schädlinge oder Krankheiten zeigen.

Grauschimmel

First Date – Sag's durch die Blume

Symbolblumen wie Glücksklee, Usambaraveilchen und Topfrose sind so richtig geeignet zum Verschenken. Als passende Botschafter für Beziehungen, die nicht ewig dauern, aber länger halten als ein Blumenstrauß.

Klee im Glück

Hochsaison hat der kleine Glücksklee *(Oxalis deppei)* zwischen Weihnachten und Sylvester. Schornsteinfeger und Zylinder sind dann seine liebsten Begleiter. Später macht er sich um Ostern und zum Muttertag noch einmal bemerkbar.

Das Sauerkleegewächs kam einst aus Mexiko zu uns. Heute gibt es schon eine kleine Sortenauswahl. Seit Beginn des 19. Jahrhunderts begleitet die ausdauernde Staude mit ihren vierteiligen Kleeblättern als Glücksbringer jeden Wechsel ins neue Jahr.

Aber sie macht das durchaus nicht freiwillig. Denn normalerweise überdauert der Glücksklee den Winter nur mit seiner rübenartig verdickten, essbaren Wurzel, die im Herbst von zahlreichen Brutzwiebeln umgeben ist. Pfiffige Gärtner verhindern, dass sie im Frühjahr austreiben und setzen sie erst im Herbst in Töpfe. Sie sprießen so im Gewächshaus bis Weihnachten heran, wobei Temperaturen um 12 °C das Wachstum beschränken.

Die langgestielten, braungezeichneten Blätter erreichen 25 cm Höhe. Einen Stängel bildet die Pflanze nicht.

Im Sommer erscheinen zwischen den Blättern langgestielte Scheindolden mit rosafarbenen Blüten. Im Herbst stirbt das Blattwerk dann wieder ab. Platzieren Sie die Pflanze an einem hellen bis sonnigen, möglichst kühlen Platz. Temperaturen um 15 °C wären am günstigsten. Wenn es wärmer ist, bekommt die Pflanze im Zimmer sehr lange Blattstiele und verfällt bald. Man hält die Pflanze leicht feucht. Dünger ist nicht erforderlich.

Lässt das Aussehen zu wünschen übrig, wirft man die Pflanze weg oder pflanzt sie in einen Garten. Ein Balkonkasten oder Kübel tut's übrigens auch. Da sie nicht winterhart ist, muss man die Wurzeln im Herbst wie bei Gladiolen ausgraben, kühl und trocken überwintern und ab April/Mai wieder einsetzen.

Glücksklee wächst auch draußen.

Veilchen aus Usambara

Vor mehr als 100 Jahren entdeckte Walter von Saint-Paul-Illaire in den ostafrika-

Am schönsten wirken Arrangements aus fünf oder mehr Einzelpflanzen des Usambaraveilchens.

nischen Usambarabergen ein kleines blaublühendes Veilchen, das seitdem *Saintpaulia ionantha* heißt. Vor allem deutsche und amerikanische Gärtner ruhten nicht und schufen Hunderte Varianten in weiß, rosa, rot, blauviolett, zweifarbig, maxi, mini, midi, gefüllt, gestreift, getupft, gefranst, gewellt und vor allem mit fast ganzjähriger Blüte.

Usambaraveilchen sind so beliebt, dass es sie das ganze Jahr über gibt. Im Trend sind zur Zeit Vertreter der „City-Linie" mit besonders dunklem Laub. Ideal für hohe Töpfe ist die Sorte 'Styles'. Beim Kauf sollten drei bis sechs Blüten bereits geöffnet sein, aber insgesamt nicht mehr als acht bis zehn. Dann steht Ihnen noch eine schöne Blütenpracht ins Haus.

Das Gesneriengewächs ist übrigens nicht mit unseren Veilchen verwandt, sondern mit Drehfrucht, Gloxinie und Schiefteller, deren Ansprüche es auch teilt.

Der beste Platz für unsere „Usams" ist eine warme Fensterbank (18–24 °C) im Halbschatten oder Schatten. Temperaturen unter 15 °C, Zugluft und kaltes Wasser müssen unbedingt vermieden werden. Zu viel Sonne verursacht Blattschäden, bei zu wenig Licht unterbleibt die Blütenbildung. Gegossen und gedüngt wird sehr sparsam. Bei zuviel Wasser drohen Stammgrundfäule, Echter Mehltau oder Grauschimmel.

Ein- bis zweimal wöchentlich gibt man etwas zimmerwarmes (kalkarmes) Wasser in den Untersetzer oder Übertopf, aber nur wenn die Erde richtig abgetrocknet ist. Die weich behaarten Blätter dürfen nicht benetzt werden. Sonst entstehen helle Flecken oder Fäulnis. Im Sommer düngt man einmal im Monat, im Winter nur jeden zweiten Monat.

Was sonst noch zu beachten ist

Fühlen sich die „Usams" bei Ihnen wohl, können Sie ein stattliches Alter erreichen und dann einen richtigen kleinen Stamm bekommen. Verwelkte Blüten und Blätter werden vollständig entfernt. Also nicht abschneiden, sondern mit einem kräftigen Ruck samt Stiel herausziehen. Nach nur kurzer Blühpause erscheinen immer wieder neue Knospen. Stark verstaubte Blattrosetten reinigt man nicht mit Wasser, sondern entstaubt mit einem feinen Pinsel. Stark durchwurzelte Pflanzen kann man im Frühjahr umtopfen. Man verwendet für die flachwurzelnden „Usams" eine torfhaltige Standarderde und flache Töpfe oder Schalen mit möglichst kleinem Durchmesser.

Tritt infolge von zuviel Wasser Fäulnis auf, kann man die

Pflanze nur noch wegwerfen. Bei Befall mit den winzigen Weichhautmilben oder Thripsen, erkennbar an verkrüppelten Blättern oder Blüten, hilft nur eine Behandlung mit einem geeigneten Insektizid. Die Behandlung muss aber mit einem Abstand von drei bis vier Tagen fünfmal (!) hintereinander durchgeführt werden. Dabei muss jedesmal die gesamte Pflanze sowie die Erdoberfläche gut benetzt werden. Auch Blatt- oder Schildläuse können „Usams" befallen.

Usambaraveilchen eignen sich auch für eine Hydrokultur. Wenn man keine fertigen Hydro-Pflanzen bekommt, kann man sie leicht selbst heranziehen. Man reißt ein gesundes, kräftiges Blatt mitsamt Stiel ruckartig aus der Rosette. Dann bindet man über ein wassergefülltes Marmeladenglas eine Plastikfolie und steckt das Blatt mit dem Stiel durch die Folie, so dass nur noch das Blatt herausragt. Am unteren Stielende bilden sich in warmer Umgebung bald Wurzeln und ein junges Pflänzchen. Ist es erstarkt genug, kommt es in ein kleines Hydro-Kulturtöpfchen mit ein wenig Düngung. Die Temperatur des Wassers darf nicht unter 19–20 °C liegen.

Rosen für Räume

Lange Zeit waren Schnittrosen im Zimmer unter sich. Erst seit etwa 1980 gibt es die zierliche Topfrose für kleine Liebesgeschenke und fürs romantische Zuhause.

Ihre Standardgröße liegt bei etwa 30 cm Höhe, seltener sind höhere Pflanzen. In der Gunst steigen preiswerte Miniaturrosen. Daneben gibt es Rosenstämmchen, die zwischen 40 und 80 cm hoch werden.

Beim Kauf sollten nur ein bis drei Knospen bereits geöffnet sein; dann bleiben die Zwergrosen auch unter ungünstigen Bedingungen noch mindestens drei Wochen im Zimmer attraktiv. Am besten stellt man sie an einen hellen, möglichst kühlen und luftfeuchten Platz, hält sie leicht feucht und düngt alle zwei Wochen. Verblühte Blüten schneidet man mit einem kurzen Stielansatz ab, dann entwickeln sich neue Knospen.

In zimmerwarmer Umgebung verlieren sie aber meist trotz aller Bemühungen nach einiger Zeit an Wüchsigkeit und Blühfreude. Jetzt drohen auch Blattläuse, Spinnmilben und Echter Mehltau.

Denn die Topfrose *(Rosa chinensis)* stammt von der chinesischen Zwergbengalrose ab. Und die winterfeste Rose hat ihre Vorliebe für den Garten beibehalten. Deshalb setzt man sie, wenn sie im Zimmer an Schönheit verliert, zusammen mit Thymian, Schleierkraut oder Glockenblumen in Balkonkästen, Kübel oder Gartenböden. Sie stirbt im Winter nicht ab, verliert aber das Laub. Hat man draußen keinen Rosen-Platz, wirft man die Topfrose nach der Blüte weg.

Wählen Sie doch mal Zwergrosen für Ihre blumigen Botschaften.

Liebe auf Zeit – Pflanzen für eine Saison

Saison-Pflanzen liegen im Trend unserer schnelllebigen Zeit. Für Singles scheinen sie ideal, machen Sie doch viel Stimmung und wenig Arbeit. Gleichzeitig bringen sie die Jahreszeiten ins Haus.

Hyazinthen und andere Zwiebel-Frühlingsboten sollten möglichst kühl stehen.

Frühlingsträume

Kräftige Farben, unkompliziert und anspruchslos: die meisten Frühjahrsblüher sind ausgesprochen dankbare Zimmergenossen und können auch ganz gut mal eine Weile alleine zurechtkommen.

Krokusse & Co.

Nicht nur im Garten sind Zwiebelblumen wie Krokusse und Schneeglöckchen die ersten Frühlingsboten. Auch im Zimmer ist ihre Botschaft begehrt – genauso wie die ihrer Traumpartner Narzissen, Tulpen, Hyazinthen und neuerdings Traubenhyazinthen, Kaiserkrone, Märzbecher und Milchstern. Und immer wieder gesellen sich ungewöhnliche Sorten und Arrangements dazu. Wählen Sie Pflanzen mit kurzen und kräftigen Blütentrieben. Die Knospen sollten nur leicht geöffnet sein.

Alle sind pflegeleicht, wünschen einen hellen, kühlen Standort, mäßige Feuchtigkeit und benötigen keine Düngung. Je kühler der Standort, desto länger die Blüte (mit etwas Glück mehrere Wochen). Absterbendes wird entfernt. Sind sie völlig verblüht, wirft man sie weg oder setzt sie in den Garten.

Achtung: Viele Zwiebelgewächse sind mehr oder weniger giftig. Das gilt besonders für die Zwiebeln, aber auch für das Blumenwasser, wenn Sie ihre Blüten ins Wasser stellen. Der Pflanzensaft kann bei empfindlichen Personen Hautreizungen verursachen.

Glöckchen im Mai

Maiglöckchen *(Convallaria majalis)* begleiten duftend den Frühling ins Jahr und laden zur Mai-Bowle ein. Sie

Maiglöckchen sehen nicht nur gut aus, sie duften auch angenehm.

gelten als Symbole für Glück in der Liebe. Und wer kann das nicht gebrauchen. Deswegen präparieren die Gärtner sogar sogenannte Eiskeime zur Zimmerkultur ab Weihnachten vor.

Maiglöckchen kommen als Waldpflanzen mit schattigen Standorten gut zurecht. Sie vertragen aber auch Sonne, wenn man sie langsam daran gewöhnt. Es sollte kühl sein, 12 °C wären ideal. Gegossen wird selten, gedüngt gar nicht. Nach der Blüte wandert die Pflanze in den Garten oder in den Müll.

Achtung: Maiglöckchen sind in allen Teilen giftig. Das Gift geht auch ins Blumenwasser über, wenn Sie die Blüten ins Wasser stellen. Der Pflanzensaft kann bei empfindlichen Personen Hautreizungen verursachen.

Bunte Primelparty

Die Farbenpracht der Primeln weckt die Lust aufs Winterende. Ungeduldige können schon zum Jahresanfang zu ihrer Frühlingsbotin kommen. Insgesamt erstreckt sich die Hochsaison für die meist nicht winterharten Zimmerprimeln aber über das gesamte erste Quartal.

Neben verschiedenen Primelarten mit langgestielten Blüten finden vor allem die Kissenprimeln *(Primula acaulis)* reißenden Zuspruch. Ihre stängellosen Blüten überragen die Blattrosette gerade.

Als neueste Errungenschaft gelten die Cottage-Primeln. Keine grellen Farben, sondern feine Pastelltöne charakterisieren diese Neuzüchtungen der Kissenprimel. Ihre Farben reichen von Blassgelb bis Zartrosa und über sanfte Rot- und Brauntöne bis zu hellem Blau. Das macht sie zu prima Partnern in einem dezenten Ambiente.

Wie alle Primeln sind jedoch auch diese in geheizten Räumen gerade drei Wochen haltbar. Erst in kühlen (optimal sind 12 °C) Treppenhäusern oder Wintergärten erstreckt sich ihre Blüte über zwei Monate. Temperaturen unter 5 °C sollte man den Pflanzen nicht zumuten. Darauf gilt es beim Transport im Winter zu achten.

Obwohl Primeln viel Feuchtigkeit benötigen, dürfen sie nicht lange in Wasser stehen oder benetzt werden. Die Wurzeln faulen sehr rasch, und die ganze Pflanze ist empfänglich für Grauschimmel. Trockene Luft und regelmäßiges Lüften tun der Kissenprimel gut und beugen vor. Befallene Pflanzen wirft man besser schnell weg, bevor sich der Befall auf gesunde Nachbarpflanzen ausweitet. Der Standort sollte möglichst hell sein, aber keine grelle Mittagssonne erhalten. Zweimal im Monat wird gedüngt.

Zur Anregung der Blütenbildung entfernt man alles Verblühte sofort. Nach der letzten Blüte wirft man die Pflanze weg oder gönnt ihr ein feuchtes, halbschattiges Plätzchen im Garten oder auf dem Balkon. Dort kommt sie vielleicht sogar noch einmal zur Blüte.

Farbe mit Cinerarien

Cinerarien (*Senecio-Cruentus*-Hybriden) bringen richtig Farbe in den Zimmerfrühling. Prächtige rote, violette, weiße, blaue und orangefarbene Korbblüten in dichten Doldentrauben schmücken die 30 bis 50 cm hohen Saisonpflanzen.

Man gibt ihnen ein möglichst kühles (bis 18 °C) und helles Plätzchen ohne direkte Sonne. Kühle und eine hohe Luftfeuchtigkeit begünstigen die Haltbarkeit der Blüten. Sehr empfindlich reagiert die Cinerarie auf Wassermangel. Sie fällt zusammen und erholt sich nur schlecht. Deshalb darf ihr Wurzelballen niemals austrocknen, sondern muss gleichmäßig feucht gehalten werden. Eine Düngung ist nicht erforderlich. Verblühtes wird sofort entfernt und nach der Blüte wirft man die Pflanze weg.

Der Volksmund nennt die Cinerarie auch Läusekraut, eine Anspielung auf ihren häufigsten Schädling, die Blattlaus. Daneben finden sich gelegentlich auch Weiße Fliegen auf ihr ein.

Achtung: Cinerarien gelten als giftig.

Die Kulturformen der Cinerarien haben nicht mehr viel Ähnlichkeit mit ihren kanarischen Vorfahren.

Sommerliebe

Der Sommer ist da. Und Blüten-Nonstop versprechen Zimmer-Geranien und Fuchsien. Beide sind nicht unbedingt pflegeleicht, denn nur wenn man Verblühtes regelmäßig entfernt und viel gießt und düngt, sehen sie auch schön aus. Beide sind aber so weit verbreitet, dass sie hier nicht fehlen dürfen.

Edle Pelargonien und Fuchsien am Stiel

Die Edel-Geranie (*Pelargonium-Grandiflorum*-Hybriden) fürs Zimmer heißt zwar auch Französische Geranie. Sie stammt aber von Eltern aus dem Süden Afrikas ab. Typisch für sie waren lange

Zeit ihre prächtigen, großen Blütenstände. Heutzutage geht der Trend zurück zu den bescheideneren Blütengrößen. Die violetten Sorten mit kleinen Blüten, wie 'Velvet Duet', sind im Kommen. Aber auch die weiße 'Jasmin' und die violette 'Frühlingszauber Lila' gehören zu den Rennern. Im Handel sind sie von März bis Juni erhältlich. Beim Transport sollten keine Temperaturen unter 5 °C herrschen.

Fuchsien lieben es eher schattig.

Die Edel-Geranie wird 30 bis 50 cm hoch. Man platziert sie an einem sonnigen Platz und gießt häufig. Mindestens vier Stunden Sonne sollten es sein pro Tag, und der Wurzelballen darf nicht austrocknen. Dabei darf die Pflanze aber nicht benetzt werden oder im Wasser stehen, sonst kommt es zur Fäulnis. Jede oder jede zweite Woche düngt man mit Geraniendünger. Und jede Woche entfernt man Verblühtes, um die Bildung neuer Knospen anzuregen.

Schäden können durch Rostpilze, Blattläuse, Spinnmilben und Weiße Fliegen verursacht werden. Durch gute Pflege kann man ihnen aber vorbeugen. Lässt die Blütenpracht nach, gönnt man den Pflanzen eine Ruheperiode bei etwa 15 °C. Oder man wirft sie weg.

Wie wär's mal mit Fuchsien-Stämmchen (*Fuchsia*-Hybriden) als Sommerschmuck. Sie passen mit ihren unaufhörlich erscheinenden Blüten in Weiß, Rosa, Purpur, Magenta und Violett in jede Umgebung, besonders gut natürlich in die aktuellen Pink- und Himbeer-Wohnwelten.

Fuchsien benötigen viel Licht, um ordentlich zu blühen, mögen aber keine grelle Sonne. Bereitet ihnen zu trockene Luft im Zimmer Probleme, merkt man das an Knospenabwurf und Blattfall. Auf jeden Fall sollte man sie so kühl wie möglich halten, optimal wären nicht mehr als 16–18 °C. Der Wurzelballen sollte ohne stehende Nässe stets feucht bleiben. Gedüngt wird wöchentlich. An ungünstigen Standorten werden Fuchsien von Blattläusen und Weißen Fliegen befallen. Diese dann so schnell wie möglich bekämpfen. Wenn die Blütenpracht im Herbst versiegt, wirft man die Pflanzen am besten weg, es sei denn man verfügt über helle Räumlichkeiten mit 5–10 °C Überwinterungstemperatur.

Fuchsien, sie stammen übrigens aus Südamerika, stehen auch als Busch oder Hängepflanzen zur Verfügung. Besonders buschige Exemplare erhält man, wenn man frühzeitig junge Pflanzen erwirbt und diese entspitzt. Schöne Kombinationen ergeben sich mit Efeu, der ähnliche Ansprüche hat. Fuchsien sind nicht giftig; im Gegenteil, aus den Früchten kann man sogar Marmelade kochen.

Fleißige Lieschen und strahlende Gerbera

Empfehlenswerte neue Sommerblumen sind Fleißige Lieschen und Gerbera.

Das seltene Malvengewächs aus Südafrika namens *Anisodontea capensis* wird ein mittelgroßer immergrüner Strauch und trägt von Juni bis November zahlreiche rosapastellfarbene Malvenblüten. Deswegen nennt man es Fleißiges Lieschen. Bei Entspitzen der Triebe wächst es besonders buschig.

Das Fleißige Lieschen verträgt trockene Luft gut und darf auch auf den Balkon.

Seit einigen Jahren ist es für die Zimmerkultur erhältlich. Es liebt volle Sonne und möglichst kühle Plätze. Man hält es stets feucht und düngt zweimal im Monat. Da es kühler überwintert wird, wirft man es im Herbst meist weg. Abgeblühtes wird regelmäßig entfernt.

Die *Gerbera*-Hybriden waren lange Zeit nur als Schnittblumen bekannt. Dann gelang es, kurzstielige Pflanzen zu erzeugen, die auch im Topf gedeihen.

So stehen die kraftvollen, leuchtenden Farben der Korbblüten über einen viel längeren Zeitraum zur Verfügung. Das breite Farbspektrum umfasst Sorten mit und ohne Augen sowie auffällig halbgefüllte Vertreter.

Ihr Standort sollte hell und nicht zu warm sein. Man hält Gerbera dann leicht feucht und düngt zweimal im Monat. Und achtet darauf, dass sich keine Pilze oder Blattläuse auf der Pflanze verbreiten, was diese nämlich gerne tun.

Käthchen entflammt

Das Flammende Käthchen galt eine Weile als altmodische Zimmerpflanze. Jetzt macht es durch attraktive Neuzüchtungen wieder auf sich aufmerksam. Die Blüten sind jetzt auch orangebraun oder rosa mit weißem Rand. Man erhält die sukkulenten *Kalanchoe blossfeldiana*-Hybriden und -Sorten bereits ab Weihnachten und während des Frühjahrs blühend, manchmal auch das ganze Jahr über. Beim Transport aufpassen, dass die Pflanze keine Temperaturen unter 10 °C erfährt. Im Zimmer hält die Blüte meist einige Monate bis in den Sommer hinein an. Die Pflanze ist zwar ausdauernd. Die Weiterzucht lohnt sich aber nicht, da die Pflanzen freiwillig kaum noch blühen.

Das Flammende Käthchen eignet sich auch für die Hydrokultur. Seine Pflege ist einfach. Man sorge für einen hellen bis sonnigen, warmen Standort. Trockene Luft schadet nicht. Hauptsache, der Ballen wird mäßig gegossen und einmal im Monat mit Dünger versorgt. Ab und zu untersucht man auf Befall mit Wollläusen, Blattläusen und Weißen Fliegen.

Aus Holland kommt eine interessante neue Züchtung im „botanischen Look" namens 'Dorothy', die mit 45 cm außergewöhnlich hoch wird und drei Monate blüht. Die Blütenstande mit großen rosaroten Einzelblüten stehen auf relativ langen Stielen.

Das Flammende Käthchen 'Dorothy' im aktuellen botanischen Look.

Pfiffige Hibiskusblüten

Wer hätte das gedacht: die Lieblingsblume unserer Mütter ist wieder da. Und das Hibiskus-Angebot wächst von Jahr zu Jahr. Im Trend liegen die neuen Sorten des Typs 'Sunny Cities' mit den Farben orange, gelborange, rot und gelb. Auch die 'Sunshine'-Sorten bringen frische Orangetöne ins Sortiment. Im Wuchs kompakt, stark verzweigt und blühfreudig, erreichen die attraktiven trichterförmigen Blüten der Neuen mehr als 15 cm Durchmesser.

Nach seiner Heimat im tropischen Asien nennt man den Hibiskus *(Hibiscus rosa-chinensis)* auch Chinarose oder Chinesischer Roseneibisch. Wie aber die auffällige Staubblattsäule in der Blütenmitte untrüglich beweist, ist das ausdauernde, immergrüne Gehölz keine Rose, sondern ein Malvengewächs.

Angeboten werden die uralten Kulturpflanzen, von denen niemand mehr die wilde Ausgangsform kennt, vor allem zu Beginn des Sommers; zunächst meist als kleinere Büsche, später auch als größere Pflanzen oder Stämmchen für Kübel. Man wählt solche Pflanzen, bei denen sich die ersten Knospen gerade öffnen und einen Blick auf die Blütenblätter freigeben.

Der beste Hibiskus-Platz ist möglichst hell bis sonnig und gleichmäßig warm, liegt aber mittags nicht direkt in der Sonne. Die Blüten wenden sich stets zum Licht. Verdreht man die Pflanze beim Aufstellen zu stark, wirft sie ihre Blüten und Knospen gleich ab. Auch bei Zugluft passiert ähnliches.

Man hält die Pflanze leicht feucht und düngt wöchentlich mit einer verdünnten, kalium-betonten Düngerlösung.

Lässt die Blütenpracht im Herbst nach, wirft man die Pflanze weg, es sei denn, man kann sie bei etwa 13 °C überwintern.

Als häufigster Schädling ist die Blattlaus zu erwähnen. Man findet ihre Kolonien am ehesten auf den Triebspitzen und bekämpft sie möglichst rasch.

Hortensien im Rausch

Ein beeindruckendes Comeback erleben auch die Hortensien *(Hydrangea macrophylla)*. Denn starke Pflanzenpersönlichkeiten mit stattlicher Figur und üppiger Blütenfülle sind aktueller denn je.

Die Blütenstände sind je nach Grundvariante entweder kugelförmig oder tellerartig ausgebreitet. Das Farbspektrum reicht von Weiß über Rosa und Rot bis Blau. Neu sind zweifarbige und gefüllte Blüten sowie solche, die mit dem Alter die Farbe wechseln. Hortensien lieben frische Luft. Wir stellen sie eher auf den Balkon als in die Nähe einer Heizung. Ihre Saison beginnt im Februar und reicht bis Juni. Man stellt sie an einen möglichst kühlen, hellen Platz ohne zuviel direkte Sonne. Der Ballen wird konstant feucht gehalten werden. Zweimal im Monat wird gedüngt.

Spätestens nach zwei Monaten sind die Pflanzen verblüht. Der Gartenbesitzer pflanzt sie dann aus. Ansonsten wandern die Pflanzen in den Müll.

Barocke Hortensien-Blütenfülle.

Herbstgeschichten

Wenn die Tage kürzer werden, zeigt Mutter Natur ihre schönsten Farben.

Hauptsache Chrysanthemen

Chrysanthemen (*Dendranthema-Grandiflorum*-Hybriden) gehören zum Herbst wie die Tulpe zum Frühling, obwohl sie unfreiwillig auch zu jeder anderen Jahreszeit blühen und erhältlich sind. Fürs Zimmer verwendet man meist nicht winterharte Sorten. Man achtet beim Kauf darauf, das die Blütenköpfchen etwas geöffnet sind und bereits Farbe zeigen. Vollständig - verschlossene Köpfchen verweigern zu Hause oft ihren Dienst und öffnen sich nicht mehr.

Die Pflanze benötigt einen hellen Platz ohne Mittagssonne. Möglichst kühl sollte er sein, dann hält die Flor länger an. Der Wasserbedarf ist groß: Der Ballen darf nicht abtrocknen, sonst nimmt die Blüte Schaden. Günstig ist es daher, die Pflanzen in Seramis zu set-

Chrysanthemen - nicht mehr nur Friedhofspflanzen.

zen, vielleicht zu mehreren oder arrangiert mit Grünpflanzen. Eine Düngung ist meist nicht nötig. Verwelkte Blüten werden schnell entfernt. Bilden sich keine neuen Knospen mehr, wirft man die Pflanzen weg.

Scharfe Sache – Zimmerpfeffer

Es ist Erntezeit. Welche Pflanze könnte das besser kommunizieren als der Zimmerpfeffer *(Capsicum annum)*. Die Vielfalt seiner Fruchtformen scheint keine Grenzen zu kennen. Jedes Jahr bietet der Handel neue Varianten. Das Nachtschattengewächs aus Amerika ist einjährig und im Herbst wegen seiner leuchtend gelben, roten oder violetten Früchte sehr beliebt. Diese sind sogar essbar, allerdings wie der Name vermuten lässt, sehr scharf im Geschmack.

Der Zimmerpfeffer schätzt einen sonnigen, möglichst kühlen Platz. Man hält ihn leicht feucht und düngt zweimal im Monat. Sterben die Früchte ab, wirft man ihn weg. Verliert der Zimmerpaprika zwischenzeitlich die Blätter, steht er zu dunkel.

In die Nesseln gesetzt

Eine ungeahnte, aber verdiente Renaissance erleben zur Zeit die Buntnesseln (*Coleus-Blumei*-Hybriden). Waren sie lange Zeit kaum oder nur in wenigen Sorten erhältlich, sieht man sie endlich wieder in vielen wunderschönen Varianten. Farbenprächtiges Laub in herbstlichen Braun- und Rottönen ist es, was diese Lippenblütler so anziehend macht.

Ihre Herkunft liegt im Dunkeln. Auf jeden Fall gedeihen sie schon lange in der Obhut

Die bunten Früchte des Zimmerpfeffers sind essbar, aber sehr scharf.

des Menschen. Denn sie lassen sich durch Stecklinge kinderleicht vermehren. Natürlich bekommen sie auch Blüten.

Diese sind aber eher unscheinbar, meist rosafarben und stehen an den Trieben oberhalb der Blätter. Im Laufe der Zeit wuchern die Pflanzen ziemlich und werden unschön.

Dann wirft man sie weg oder zieht aus abgetrennten Trieben, die man in ein Glas Wasser stellt, bis sie sich bewurzelt haben, eine Ersatzpflanze heran.

Die Buntnessel kommt an einen hellen, nicht sonnigen Platz. Man hält sie ständig feucht, aber nicht stehend nass und düngt wöchentlich. Eine gelegentliche Kontrolle auf Blattläuse ist ratsam. Vorsicht bei der Anwendung von Insektiziden.

Die Buntnesseln zeigen sich hier oft empfindlich. Entspitzen bewirkt einen buschigeren Wuchs der eigentlich ausdauernden Pflanze.

Wintermärchen

Pflanzen, die freiwillig im Winter blühen, sind schon merkwürdig. Bei ihnen lohnt es sich, einmal hinter die Fassade zu schauen.

Neue Alpenveilchen

Kämen die Alpenveilchen *(Cyclamen persicum)* wirklich aus den Alpen, müsste man ihnen ja beim Skifahren hin und wieder begegnen, wenn sie ihre Blüten durch den Schnee schieben. Aber natürlich kommen sie nicht von dort, sondern haben ihren Namen von ihren alpenländischen Namensvettern, die aber im Sommer blühen, nur geborgt.

Ihre Heimat ist vielmehr der östliche Mittelmeer-Raum. Die trockenen Sommermonate überdauern sie dort blattlos mit einer Knolle.

Diese wird in Gärtnereien im Sommer in Töpfe gesetzt. Das Primelgewächs entfaltet nun rasch eine neue Blattrosette und seine charakteristischen, langgestielten Blüten. Von September bis Februar hat es dann Saison. Traditionell, seit mehr als 100 Jahren, sind großblütige Formen verbreitet. Seit etwa 30 Jahren kennt man die kleinblütigen Miniaturcyclamen. Neuerdings werden auch Midi-Pflanzen angeboten. An Farben beherrschen Weiß, Rosa, Rot und Lila die Szene.

Bei Frost sollte man Alpenveilchen gut einpacken. Temperaturen unter 5 °C schaden. Ein geeigneter Standort ist halbschattig, aber nicht zu warm (optimal sind 15–18 °C) und luftig. Je wärmer es ist, desto schneller sind die Pflanzen verblüht. Man hält das Substrat feucht, gedüngt werden braucht es nicht. Zugluft schadet den Pflanzen.

Die Pflanze, insbesondere Knolle und Saft, ist giftig.

Azaleen in Hülle und Fülle

Gärtnerkunst sorgt dafür, dass es bereits zu Weihnachten blühende Azaleen gibt. Dabei ist die Indische Azalee *(Rhododendron simsii)*, so ihr vollständiger Name, zwar nicht unbedingt anspruchslos. Aber ihre winterliche Blütenfülle ist auch für den Single-Haushalt ziemlich unverzichtbar, zumal ihre Sortenvielfalt wächst und wächst. Bis zu zwei Monate bewahrt sie ihre Blüte in einem kühlen, hellen Raum. Optimal wären etwa 15 °C, was man aber höchstens in einem ungeheizten Treppenhaus antrifft. Räume mit mehr als 21 °C sind für Azaleen aber nicht geeignet. Am besten gewöhnt man Azaleen langsam an die Zimmertemperatur und platziert sie möglichst nicht in der Nähe einer Heizung. Beim Transport sollten die Temperaturen nicht unterhalb von 5 °C liegen.

Als Heidekrautgewächs verträgt die Azalee keinen Kalk, also auch kein Leitungswasser. Außerdem benötigt sie viel Wasser. Der Ballen darf nicht trocknen, sonst ist die Blütenpracht schnell dahin. Günstig ist auch eine hohe Luftfeuchtigkeit.

Für diese hohen Ansprüche gibt es eine einfache Lösung. Betten Sie ihre Azalee einfach in eine große Schale mit Torf. Und begießen Sie nicht den Erdballen, sondern nur den Torf. Dieser bindet den Kalk des Leitungswassers, sorgt für ein günstiges, saueres Bodenmilieu und lokal auch für eine höhere Luftfeuchtigkeit. Man entfernt Verblühtes, achtet auf Blattläuse und wirft die empfindsame Pflanze bei nachlassender Pracht am besten weg.

Rittersterne – sicher die elegantesten unter den Winter-Zimmergewächsen.

Ein (Ritter)stern geht auf

Rittersterne (*Hippeastrum*-Hybriden) blühen normalerweise im Winterhalbjahr, denn sie stammen aus Südamerika.

Das Amaryllis-Gewächs schiebt dazu aus einer großen Zwiebel an einem geraden, starken Stängel beeindruckende Trichterblüten empor. Die Blätter erscheinen erst, wenn die Blüten vergehen.

Man kann die Zwiebeln im Handel erwerben und im Oktober/November selbst in Töpfe setzen. Bequemer und sicherer ist es, später bereits eingetopfte Pflanzen zu erwerben. Man achte beim Kauf darauf, dass die Blüten sich gerade erst öffnen. Dann halten sie sich in einem hellen warmen Zimmer noch einige Wochen. Ein Transport bei Temperaturen unter 5 °C sollte vermieden werden.

Man hält die Pflanze leicht feucht. Eine Düngung ist nicht erforderlich. Nach der Blüte wirft man die Pflanze in der Regel weg.

Blühende Kakteen und rote Sterne zu Weihnachten

Die großen Blüten des Weihnachtskaktus sind etagenartig aufgebaut.

Bereits unseren Großmüttern waren Weihnachtskakteen (*Schlumbergera*-Hybriden) ein Begriff. Die von Natur aus zu Weihnachten blühenden Kakteen mit den überhängenden flachen Trieben stammen aus Brasilien. Meist tragen sie am Sprossende rote oder rosafarbene Blüten. Es gibt aber auch Sorten mit orangefarbenen und als Besonderheit weißen Blüten.

Man erwirbt die Pflanze am besten, wenn sich die ersten Knospen öffnen. Ein halbschattiger bis heller, mäßig warmer Platz und ausreichend Wasser ist zur Blütezeit erforderlich. Je wärmer es ist, desto schneller verblüht die Pracht. Bei zu trockener Luft droht ein Befall mit Schildläusen.

Weihnachtskakteen lassen sich leicht weiterkultivieren; ansonsten wirft man sie nach der Blüte weg.

Dem Weihnachtskaktus zum Verwechseln ähnlich sieht der Osterkaktus. Man erkennt ihn trotzdem leicht, denn er blüht zu Ostern. Wie die populären Rutenkakteen gehören alle Drei zu den Blattkakteen, die keine direkte Sonne vertragen. Ansonsten ist die Pflege ähnlich.

Als populärste Zimmerpflanze überhaupt darf der Weihnachtsstern *(Euphorbia pulcherrima)* natürlich nicht unerwähnt bleiben. Er hat nur im November und Dezember Saison, obwohl sich die farbenprächtigen Hochblätter künstlich das ganze Jahr über hervorbringen ließen. Zweifarbige Sorten wie 'Tabaluga', und aktuelle Farben jenseits von Rot und Weiß sind die neuen Renner.

Seine Heimat ist das tropische Mexiko. Das Wolfsmilchgewächs verträgt deswegen weder Temperaturen unter 15 °C noch Zugluft. Darauf sollte man beim Pflanzenkauf achten und es gut einpacken lassen.

Es benötigt einen hellen, warmen Standort und wird leicht feucht gehalten. Zweimal im Monat düngt man die Pflanze und kontrolliert auf Blatt- und Wollläuse. Nach der Blüte wandert sie in den Müll, denn ohne spezielle gärtnerische Tricks wartet man auf eine erneute Blüte meist vergebens.

Grüne Dauerbrenner

Die folgenden Portraits beweisen: Pflanzen können auch ohne Blüten attraktiv sein.

Ultimativ skurril

Einige Gewächse erhalten wegen ihren ungewöhnlichen Formen und Lebensweisen viel Aufmerksamkeit.

Brütende Blätter

Ein Name ist Programm. Das Brutblatt (*Kalanchoe tubiflora* und weitere Arten) trägt Knospen auf den Blättern. Kleine Pflänzen wachsen heraus und bewurzeln sich, sobald sie auf die Erde fallen.

Die Pflege ist einfach. Man wähle einen hellen, mäßig warmen bis warmen Platz, trockene Luft ist kein Problem, hält die Pflanze leicht feucht und düngt in der Wachstumszeit einmal im Monat mit einer verdünnten Lösung.

Kombinieren Sie verschiedene Brutblätter in einer mit Sand oder Seramis gefüllten Schale.

Fleischfressende Pflanzen

Steaks brauchen Sie nicht, unsere fleischfressenden grünen Zimmergenossen. Sie gedeihen auch ohne tierisches Futter. Beliebt ist besonders die Venusfliegenfalle *(Dionaea muscipula)*.

Unerbittlich schließen ihre Fangklappen mit einer schnellen Bewegung das Opfer ein, das dann innerhalb einer Woche verdaut wird.

Zwei- bis fünfmal kann jedes Blatt das machen. Dann ist seine Kraft erschöpft und es stirbt ab.

Die Pflanze verwendet dabei ihre Kraft für das Öffnen (und nicht auf das Schließen) der Klappen, was dem Spannen einer Feder entspricht.

Fangen Sie der hungrigen Venusfliegenfalle doch ab und zu mal eine Fliege.

Die Spannung entlädt sich bei Berührung von Sinneshaaren auf der Blattoberfläche schlagartig.

Die Pflanze benötigt viel Licht, am besten direkte Sonne. Im Winter reicht die Tageslänge bei uns nicht aus. Eine Dauerkultur gelingt deshalb nur mit einer zusätzlichen Beleuchtung. Auch kalkhaltiges Leitungswasser ist sehr schädlich.

Deshalb setzt man die Venusfliegenfalle am besten in ein weites und hohes, oben offenes Glasgefäß, das mit Torf gefüllt wird. Dann gießt man nur den Torf, nicht aber den Wurzelballen direkt, der eine entkalkende Wirkung ausübt und für ein günstiges Bodenmilieu sorgt. Außerdem bleibt so auch die Luft feuchter. Sprühen sollte man aber nicht. Eine Düngung ist nicht unbedingt notwendig (wenn, dann nur verdünnten Orchideendünger verwenden).

Lebende Steine

Wie lebende Steine wirken die gleichnamigen, kleinen Eiskrautgewächse der Gattung *Lithops* aus dem Süden Afrikas. Diese Lebenskünstler, von denen man etwa 40 Arten kennt, bestehen nur aus einem Blattpaar, das stark verdickt und teilweise miteinander verwachsen ist. Im Herbst erscheinen ihre prächtige „Mittagsblumen" in leuchtenden Farben. Nach der Blüte verkümmern die Blätter allmählich, nicht jedoch ohne vorher neue zu bilden. Ähnlich sehen die etwa 300 Arten der Gattung *Conophytum* aus. Sie bilden meist kleine Polster.

Man gönne ihnen jeden Tag einige Stunden Sonne. Im Winter, nach der Blüte, ist möglichst eine Ruheperiode mit kühleren Temperaturen (10–15 °C) einzulegen. Man gießt nur selten, nach der Blüte mehrere Monate überhaupt nicht. Eine Düngung ist nicht erforderlich. Umgetopft wird nur selten, dann am Ende der Ruheperiode im Frühjahr in Kakteenerde.

Elefantenfüße

Sein mächtiger wasserspeichernder Stammfuß, an dessen Enden schopfige Rosetten aus harten, grasartigen Blättern sprießen, verhalfen dem Elefantenfuß *(Beaucarnea recurvata)* zu seiner volkstümlichen Bezeichnung.

Bei der Jungpflanze ist dieser Stammfuß rund. Im Alter schießt er empor und verbreitert sich am Grund. Nach der Blüte, die frühestens im Alter von 15 Jahren auftritt, wird der Elefantenfuß mehrstämmig. Auch durch frühen Schnitt des Stammes kann es zu Mehrstämmigkeit kommen.

Stattlicher Elefantenfuß in klassischer Wohnlandschaft.

Der Elefantenfuß ist in Mexiko und Texas zu Hause. Seine nahe Verwandtschaft mit Agaven ist nicht unbedingt offensichtlich. Denn Blüten zeigen sich bei den jungen Pflanzen in Zimmerkultur nicht.

Im warmen Zimmer sollte der Elefantenfuß nur während des Sommers stehen; den Winter verbringt er besser in einem kühlen, hellen Treppenhaus bei 10 bis 15 °C. An die Kälte gewöhnt, verträgt er sogar geringen Frost. Sonne ist günstig. Wasser wird wenig benötigt; im Winter fast keines. Die Wurzeln sollten aber nicht austrocknen.

Zum Baum en miniature (hier eine Pachira) kommen Früchte, Tillandsien, sonnengelbes Holz und Flechtwerk – fertig ist Exotik pur.

Einmal pro Monat düngt man während des Wachstums mit Kakteendünger. Umgetopft wird etwa alle drei Jahre in Kakteenerde. Dabei wählt man einen Topf, der nur wenig größer ist als der Stammdurchmesser.

Steht die Pflanze im Winter zu warm, droht Befall mit Spinnmilben oder Wollläusen. Der Elefantenfuß eignet sich auch für die Hydrokultur.

Pflanzenzwerge ganz groß

Mini ist in. Das gilt nicht nur für den klassischen Bonsai, sondern auch für ganz normale Zimmerpflanzen. Viele werden als Miniatur-Form angeboten. Die Vorteile liegen auf der Hand: Die Pflanzen brauchen wenig Platz und sind kostengünstig.

Doch Vorsicht: Einige, wie z. B. Weihnachtssterne, werden durch chemische Wachstumshemmer zum Zwergenwuchs gezwungen. Lässt die Wirkung des Mittels später nach, wachsen sie meist zur vollen Größe durch.

Andere Zwergenpflanzen sind einfach nur sehr jung. Auch diese bleiben natürlich nicht so, sondern erreichen schnell volle Größe.

Echte Zwerge sind zum Beispiel die Mini-Cyclamen, klein bleibende Alpenveilchen. Auch schwach wüchsige, kleinblättrige Callisien werden nicht größer.

„Baby"-Kakteen sind dagegen junge Kakteen verschiedener Arten. Wie schnell sie größer werden, hängt von der jeweiligen Art ab. Leider sind aber nur die Wenigsten namentlich gekennzeichnet.

Man pflegt die Zwerge wie die großen, muss aber bedenken, dass die kleine Töpfchen schneller austrocknen. Deshalb ist es ideal, sie in größeren Schalen zusammenzusetzen (mittels Seramis oder Torf), und mit Felsen, Moos und Ästen kleine Landschaften entstehen zu lassen. Gedüngt werden die Kleinen seltener oder mit verdünnter Lösung.

Bonsai for Beginners

Als Zimmerpflanzen eignen sich nur die sogenannten

Indoor-Bonsais. Sukkulenten, *Schefflera*- und *Ficus*-Arten aber auch die Palme *Rhapis humilis* sind als Zwergpflanzen nach japanischer Tradition beliebt.

Die Pflege und der Standort richten sich nach der Pflanzenart. Als Töpfe verwendet man spezielle Bonsaischalen mit großen Abzugslöchern. Besonderes Augenmerk ist auf die Erde zu richten. Denn sie entscheidet über den Erfolg der Pflanzung. Die Bonsai-Erde erhält am besten einen organischen Langzeitdünger. Geschnitten werden Bonsais im Frühjahr. Die Technik richtet sich nach der Pflanzenart, darüber informiert Spezialliteratur.

Ein edles Arrangement mit Malaien- und Flamingoblumen.

Exoten im Trend

Immer ausgefallener wird das Angebot an Zimmerpflanzen. Und auch Exoten eignen sich für Singles.

Bizarre Orchideen

Unter den zahlreichen Orchideen fürs Zimmer gilt die Malaienblume (*Phalaenopsis*-Hybriden) als eine der einfachsten und schönsten. Ihre Stammformen leben in Asien auf Bäumen und bilden einen kurzen, aufrechten Stamm mit breiten, fleischigen Blättern. Unterhalb der Blätter entspringen einige Luftwurzeln, die man nicht beschneiden sollte. Die lange haltbaren Blüten stehen zu 30 und mehr in einer hohen, schwungvoll gebogenen Blütenrispe. Entfernt man abgeblühte Blüten rechtzeitig vom Stiel, bilden sich unter Umständen Seitentriebe mit neuen Blüten aus.

Die Malaienblume schätzt einen warmen, hellen Standort. Temperaturen unter 20 °C darf man ihr nicht zumuten. Direkte Sonne bekommt ihr auch nicht. Günstig ist dagegen eine möglichst hohe Luftfeuchtigkeit. Man hält das Substrat mit möglichst weichem Wasser leicht feucht und achtet beim Gießen darauf, dass die Blätter nicht nass werden. Denn es kommt leicht zu schwarzen Flecken und Fäulnis. Im Sommer wird zweimal im Monat mit einem Orchideendünger gedüngt.

Umgetopft wird nur selten, etwa alle zwei Jahre. Man verwendet spezielle Orchideenerde. Bei zu feuchter Haltung drohen Pilzkrankheiten, bei zu trockener Luft können Schildläuse auftreten. Kalte Zugluft ist unbedingt zu vermeiden.

Die aktuelle Tillandsia xerographica *lebt fast von Luft und Liebe und passt perfekt in die moderne, eher asketisch ausgestattete Wohnung.*

Filigrane Tillandsien

Tillandsien *(Tillandsia)* sind attraktive, kleine Bromelien aus Amerika. Sie leben meist alle auf Bäumen und Felsen. Man kennt fast 400 Arten und unterscheidet die grünen von den grauen Tillandsien.

Die grünen Tillandsien werden warm, feucht und nicht sonnig kultiviert. Im Winter darf die Temperatur nicht unter 16 °C fallen.

Die grauen Tillandsien hält man warm, trocken, aber luftfeucht und mit viel Licht (bei luftigem Standort auch Sonne). Im Winter sollte die Temperatur bei 12 bis 15 °C liegen.

Die grünen Tillandsien sind also bei normalen Temperaturverhältnissen besser geeignet. Sie bilden mit ihrer Blattrosette einen Trichter, in dem sich Wasser ansammelt.

Man gießt möglichst mit weichem, zimmerwarmem Wasser, das man auch in den Trichter füllt. Das Orchideensubstrat, das man auch für grüne Tillandsien verwendet, darf weder austrocknen noch stehend nass sein. Man wechselt es bis zur Blüte jedes oder jedes zweite Jahr. Nach der Blüte entwickeln sich Tochterpflanzen, die die absterbende Mutterpflanze allmählich ersetzen. Zur Düngung verwendet man einen speziellen Tillandsien- oder Orchideendünger.

Hat man kein weiches Wasser zur Verfügung, empfiehlt es sich, Orchideen bzw. Tillandsien mitsamt der Orchideenerde in ein Torfbett zu setzen. Es wird dann nur der Torf gegossen. Dieser bindet den Kalk des Leitungswasser und schafft ein günstiges Bodenmilieu.

Auf die Palme gebracht

War früher die große Dattelpalme die Lieblingspalme in der guten Stube, sind es heute meist kleine Arten wie die schattentolerante Steckenpalme *(Rhapis excelsa)*, die kleine Bergpalme *(Chamaedorea elegans)*, die langsam wachsende Goldfruchtpalme *(Chrysalidocarpus lutescens)*, die elegante Kentie *(Howeia forsteriana)* oder die zierliche Zwergdattelpalme *(Phoenix roebelenii)*.

Direktes Sonnenlicht sollte man im Sommer eher vermeiden, ansonsten ist ein möglichst heller Standort angebracht. Temperaturen unter 15 °C und Zugluft schaden den tropischen Gewächsen.

Der Wasserbedarf der einzelnen Arten ist unterschiedlich. Die japanische Steckenpalme und die asiatische Zwergdattelpalme lässt man zwischen den Wassergaben oberflächlich etwas antrocknen. Die mexikanische Bergpalme benötigt ein ständig feuchtes Substrat und verträgt sogar etwas stehendes Wasser. Die Goldfruchtpalme aus Madagaskar und die Kentie von Inseln im Stillen Ozean müssen ständig feucht gehalten werden, vertragen aber keine stehende Nässe.

Die Wurzeln aller Palmen sind sehr empfindlich. Man pflanzt sie so wenig wie möglich um, lässt dabei den Wurzelballen unbeschädigt und setzt deshalb das Ganze einfach in einen deutlich größeren Topf. Gut durchlässige Fertigsubstrate für Palmen sind im Gartencenter erhältlich. Standarderde ist nicht zu empfehlen. Zuunterst bringt man eine 2 cm hohe Drainageschicht

Ein ausdrucksstarker Charakter für die klassische Umgebung - die Steckenpalme.

aus Seramis ein. Alle Palmen haben einen hohen Nährstoffbedarf, den man während des Wachstums durch zweiwöchentliche Düngergaben befriedigt.

Für Palmen benötigt man Töpfe, die höher als breit sind, denn sie wurzeln tief. Am besten verwendet man Plastiktöpfe, die sind nicht so schwer und verdunsten nicht so viel Wasser. Palmen eignen sich auch für die Hydrokultur. Braune Blattspitzen sind ein Zeichen für zu trockene Luft. Dann droht Befall mit Schildläusen oder Spinnmilben.

Edle Palmfarne

Nicht neu im Zimmerpflanzen-Sortiment sind die eigenwilligen Palmfarne, Urgewächse, die wie eine Kreuzung zwischen Palme und Farn aussehen. *Cycas revoluta* ist als Zimmerpflanze die beliebteste Art.

Wählen Sie einen hellen bis halbschattigen, warmen (nicht unter 15 °C) Standort. Halten Sie die Pflanze mäßig feucht. Und haben Sie viel Geduld. Denn Palmfarne wachsen außerordentlich langsam. Meist bilden sie pro Jahr nur ein bis drei neue Wedel. Manchmal auch gar keinen. Aber sie werden sehr alt.

Palmfarne eignen sich für die Hydrokultur. Bei Erdkultur verwendet man durchlässiges Palmensubstrat. Umgepflanzt wird aber nur selten. Die Töpfe brauchen nicht sehr groß zu sein. Beim Gießen darauf achten: Weder Trockenheit noch Staunässe wird vertragen.

Den Palmfarnen ähnelt eine neuartige Zimmerpflanze mit dem exotischen Namen *Zamioculcas zamiifolia*. Es ist jedoch ein immergrünes Aronstabgewächs aus dem tropischen Afrika und treibt aus Wurzelknollen bis zu einem halben Meter lange gefiederte, dunkelgrüne Blätter hervor. In deren dicken Stielen speichert es Wasser. Blüten treten im Zimmer kaum auf. Hydrokultur ist kein Problem.

Eine heller, nicht sonniger Standort ist ihm recht. Im Winter reichen 15 °C. Man hält es mäßig feucht und topft bei Bedarf im Frühjahr in Einheitserde um.

Climbing up and down

Kletter- und Hängepflanzen nutzen den Raum überall da,

Zamioculcas ***im Ethno-Look (hier kombiniert mit Zimmerbambus).***

wo Sie ihn nicht brauchen: an Wänden, Fenstern, Regalen, Spalieren, Raumteilern.

Ewig junge Tradeskantien

Tradeskantien *(Tradescantia)* und Verwandte sind ideale Hängepflanzen für Anfänger. Sie wachsen üppig und lassen sich leicht verjüngen, wenn sie zu groß geworden sind. Außerdem sind sie ideale Partner für die Hydrokultur und in schönen, buntblättrigen Sorten erhältlich. Die Pflanzen blühen auch regelmäßig, ihre Blüten sind aber eher unauffällig.

Die Commelinengewächse aus dem tropischen und subtropischen Amerika haben es gerne warm und hell, nur direkte Sonne ist ungünstig. Im Winter sollte die Temperatur aber möglichst nicht mehr als 18 °C betragen. Zugluft schadet.

Die grünblättrigen Formen eignen sich eine Zeitlang auch für etwas dunklere Ecken.

Während der Vegetationsperiode wird zweimal monatlich gedüngt. Jede durchlässige Einheitserde ist geeignet. Wenn die unteren Blätter der Pflanzen im Laufe der Zeit absterben, schneidet man die lange Triebe einfach ab und setzt die Mutterpflanze im Frühjahr in frische Erde. Abgeschnittene, 10 cm lange Triebenden bewurzeln sich leicht in einem Glas Wasser und können dann in Erde oder auch als Hydropflanzen weiterkultiviert werden. Entspitzen fördert einen buschigen Wuchs.

Weil sie so leicht zu vermehren sind, werden Tradeskantien gerne unter der Hand weitergegeben. Schnell hat man so eine schöne Sammlung der unterschiedlichen Sorten beisammen.

Eine schöne Sorte ist z. B. die hellgestreifte *Tradescantia fluminensis* mit rötlichen Stängeln. *Tradescantia albiflora* ist eine grünblättrige Art mit weißen Blüten.

Schöne Ampelpflanzen sind auch verschiedene Vertreter verwandter Gattungen. Diese sehen nicht nur ähnlich aus und lassen sich ebenso leicht vermehren, sondern werden auch ähnlich kultiviert. Das Zebrakraut *(Zebrina pendula)* ist ein solches Beispiel. Es kombiniert dunkles Grün mit rötlichen und silbrigen Tönen.

Efeuranken im Blick

Efeu hat viel mehr auf dem Kasten, als man so gemeinhin denkt. Bereits von Natur aus ist das einzige Araliengewächs Europas bestrebt, seinen Aktionsradius ständig zu erweitern.

Es kriecht mit seinen Trieben am Boden entlang und klettert haftwurzelnd bis 30 m hoch an Bäumen empor. Schnee und Kälte beeindrucken es wenig. Kein Wunder, dass viele Sorten von *Hedera helix* winterfest sind. Sie eignen sich für die Balkon- und Kübelbepflanzung, kommen aber auch mit einem nicht zu warmen (bis 18 °C) Zimmer zurecht.

Für warme Zimmer eignet sich die wärmeliebende Unterart *canariensis* von den Kanarischen Inseln besser, die höhere Temperaturen toleriert. Bemerkenswert ist auch die Formenvielfalt: Empfehlenswerte Sorten von *Hedera helix* sind z. B. 'Goldchild', 'Wonder' und 'Èva'. Die beliebteste kanarische Sorte nennt sich 'Gloire de Marengo'. Oft wird einfach zwischen bunt- und grünblättrigen Sorten unterschieden.

Oder nach der Blattform eingeteilt in dreispitzige, glatte, längliche, klein- und großblättrige Sorten.

Efeu hat aber auch ungewöhnliche Farben zu bieten. Sie reichen von außergewöhnlich hell- bis extrem dunkelgrün und von grünweiß bis grüngelb. Ein besonderes Highlight im Angebot ist die aufrecht wachsende Sorte 'Erecta'. Seit einiger Zeit findet man sogar Efeustämmchen. Außer als Ampelpflanze findet der Efeu auch in vielen schönen Arrangements seinen Platz. Und Hydrokultur macht er natürlich auch mit.

Buntblättrige Efeusorten brauchen mehr Licht als grünblättrige.

Efeu ist robust und benötigt relativ wenig Wasser. Man hält ihn leicht feucht. Er kommt auch mit halbschattigen Standorten zurecht. Besser ist jedoch ein heller Platz, insbesondere für die buntblättrigen Sorten. Direkte Sonne ist schädlich. Zweimal monatlich wird er während des Wachstums gedüngt. Bei Bedarf topft man im Frühjahr in frische Einheitserde. In überheizten Zimmern droht unter Umständen Befall mit Spinnmilben.

Spargel zur Zier

Der Zierspargel ist eine ausdrucksstarke Persönlichkeit. Und derzeitiger Favorit unter den Spargelgewächsen ist *Asparagus falcatus*.

Meterlange Triebe kennzeichnen dieses Gewächs aus den Tropen Ceylons und Afrikas. Ältere Pflanzen benötigen deshalb eine Rankhilfe. Es darf im Sommer auch nach draußen und eignet sich für die Hydrokultur.

Der Standort sollte hell bis halbschattig sein. Und im Winter Temperaturen nicht unter 10 °C vorweisen. Man hält das Substrat leicht feucht und düngt während der Vegetationsperiode zweimal im Monat. Jedes Jahr im Frühjahr erhält die Pflanze frische Einheitserde. Werden die Wurzelstöcke zu groß, kann man sie teilen. Bei zu viel Wärme oder trockener Luft droht Befall mit Schildläusen, Spinnmilben oder auch Blattläusen. Vorsicht bei deren Bekämpfung: Zierspargel vertragen nicht alle Sprays!

Hängende Leuchter

Ihre blassrosa-farbenen, leuchterförmigen Blüten verhalfen der Leuchterblume *(Ceropegia woodii)* zu ihrem Namen. Das Seidenpflanzengewächs aus dem Süden Afrikas bildet rundliche wasserspeichernde Knollen, aus denen sich zarte Triebe mit kleinen sukkulenten Blättern entwickeln. Diese stehen zu zweit in lockerer Folge an den apart herab hängenden Stängeln. Oberseits hellgrau gekennzeichnet, schimmert ihre Unterseite rötlich. Von Zeit zu Zeit bilden sich an den Stängelchen kleine Brutknollen, die man abtrennen und einpflanzen kann. Aus ihnen entstehen leicht neue Pflanzen.

Die Pflege ist einfach, eine Hydrokultur kein Problem. Optimal ist ein heller bis vollsonniger Standort. Auch

Kontrast in Silbergraugrün und Lilaviolett – Leuchterblumen machen's möglich.

bei Erdkultur gießt man nur wenig, lässt die Pflanze aber nicht austrocknen. Im Sommer reicht eine Düngung mit verdünnter Lösung pro Monat. Wenn das Substrat völlig durchwachsen ist, tauscht man es im Frühjahr gegen durchlässige Kakteenerde aus.

Kletternde Feige

Die Kletterfeige *(Ficus pumila)* stammt aus den Wäldern Japans, Chinas und Vietnams. Dort klettert sie weit an Baumstämmen empor. Diese Eigenart behält sie auch als Zimmerpflanze bei. So recht lang herunterhängen mag sie nicht; stattdessen kriecht sie lieber an Moosstäben oder Rankgerüsten nach oben. Es lassen sich leicht ganze Wände mit ihr begrünen.

Dabei reichen ihr sogar halbschattige Standorte. Volle Sonne sollte man lieber vermeiden. Dass ihr auch trockene und warme Luft nicht schadet, macht sie zu einer universellen Grünpflanze. Auch in Hydrokultur gedeiht sie hervorragend. Gern gesellt sie sich zu anderen grünen und bunten Schönheiten.

Die Pflege von Kletterfeigen ist denkbar einfach. Man hält sie mäßig feucht und düngt im Sommer zweimal und im Winter einmal pro Monat. Bei Bedarf pflanzt man im Frühjahr in frische Einheitserde. Gefahr droht von Schildläusen, die wegen der Kleinblättrigkeit schwer zu erreichen und zu bekämpfen sind.

Klimmender König

Die schöne und ausdrucksvolle Königsklimme *(Cissus rhombifolia)* ist eine schnell wachsende tropische Kletterpflanze für grüne Wände.

Das Weinrebengewächs verträgt auch trockene Luft. Ein schattiger bis halbschattiger Ort mit Temperaturen von 18 bis 22 °C ist für sie ideal. Man hält die Pflanze leicht feucht, düngt im Wachstum zweimal im Monat und verwendet Einheitserde, wenn die Pflanze im Frühjahr ihren Topf zu sprengen droht und umgesetzt werden muss. Wird einem die Pflanze zu groß, schneidet man sie einfach beliebig zurück. Der Zimmerwein, wie man den Kletterer wegen seines Laubes auch nennt, ist ebenfalls eine wertvolle Hydropflanze.

Philodendron on Tour

Herzförmige Blätter schmücken den Kletter-Philodendron *(Philodendron scandens)* aus Mittelamerika. Man verwendet ihn als zierliche Ampelpflanze oder lässt ihn an Gerüsten klettern. Wird er zu groß, schneidet man ihn beliebig zurück.

Wichtig ist ihm ein einigermaßen heller Standort. An dunklen Plätzen vergeilt er leicht. Die Stängelabschnitte zwischen den Blättern werden immer länger. Direkte Sonne ist ungünstig. Als Substrat verwendet man Einheitserde oder setzt ihn in Hydrokultur. Trockene Luft und die übliche Zimmertemperatur sind kein Problem, aber etwas höhere Luftfeuchtigkeit bekommt ihm gut. Man hält ihn ansonsten gut feucht und düngt alle zwei Wochen, im Winter nur einmal im Monat. Bei empfindlichen Menschen kann er allergische Reaktionen auslösen.

Bärtige Juden

Nicht unerwähnt bleiben soll auch der hübsche Judenbart *(Saxifraga stolonifera)*. Das aparte Steinbrechgewächs aus Japan und China entwickelt bald zahlreiche Tochterpflanzen, die an zerbrechlichen Stielen herabhängen. Die Mutterpflanze bildet eine schöne Rosette aus grünen oder rotbunten (Sorte 'Tricolor') Blättern. Im Sommer zeigen sich auch zarte, weiße Blüten. Wenn die Mutterpflanze nach der Blüte abstirbt, zieht man eine Tochter weiter.

Die bunten Sorten benötigen mehr Licht als die grünen, volle Sonne wird aber nicht vertragen. Günstig ist ein nicht zu warmer Standort, im Winter möglichst etwas kühler. Man hält die Ampel leicht feucht, düngt zweimal im Monat und verwendet Einheitserde. Blattläuse schätzen den Judenbart ebenfalls; man sollte sie rasch bekämpfen.

Monströse Fensterblätter

Mit grünen Riesenhänden fordert das Fensterblatt *(Monstera deliciosa)* seinen Raum. Unter sehr günstigen Umständen können die Blätter einen Meter groß und die Pflanze selbst drei bis vier Meter hoch werden. Dafür ist aber ein heller, zimmerwarmer Standort erforderlich. Auch die typische Fensterung der Blätter, durch die in der Natur das Regenwasser abläuft, entwickelt sich bei ausreichender Beleuchtung am besten. Junge Blätter sind dagegen meist ungeteilt.

Direkte, pralle Sonne verträgt die Urwaldpflanze nicht, die unterstützt durch ihre Luftwurzeln an Baumstämmen emporklettert. Schatten wird lange toleriert, allerdings wächst die Pflanze dann kaum und die Blätter bleiben klein und ungefenstert. Sie richten sich stark zum Licht aus, deshalb sollte man die Pflanze nicht drehen.

Das Aronstabgewächs wird meist einzeln oder zu dritt an einem Moosstab aufge-

Das Fensterblatt – keine Pflanze für Geizige.

bunden. Günstig ist es, das Fensterblatt aus Stabilitätsgründen in einen großen Übertopf zu setzen, der mit Torf gefüllt wird. Dort hinein kann man auch die wuchernden Luftwurzeln leiten. Sie stützen und ernähren die Pflanze. Der Torf sorgt für ein ideales Bodenmilieu und etwas höhere Luftfeuchtigkeit.

Das Substrat hält man leicht feucht und düngt zweimal im Monat, wenn die Pflanze gut wächst. Im Frühjahr setzt man die Pflanze in frische Blumenerde, der möglichst ein Drittel Torf zugesetzt wurde. Die Blätter werden ab und zu feucht abgewischt. Dabei achte man auf Befall mit Schildläusen, die zu einem hartnäckigen Problem werden können.

Vorbeugend kann man die Blätter mit Blattglanzspray pflegen.

Das Fensterblatt eignet sich übrigens auch zur Hydrokultur.

Efeus Tute

Die Efeutute *(Epipremnum pinnatum)* ist eine pflegeleichter Klettermax aus dem pazifischen Raum, der unbekümmert wächst und trockene Luft toleriert. Für ein fülliges Aussehen sind meist mehrere Triebe an einem Moosstab aufgebunden. Die herzförmigen Blätter sehen sehr unterschiedlich aus, je nach Lichtverhältnissen und Blattgrün-Anteil. Denn selten ist ein Blatt rein grün. Meist weist es kleinere oder größere helle Flecken auf, an denen das Blattgrün fehlt. Je weniger Blattgrün vorhanden ist, desto heller sollte man die Efeutute platzieren. Nur direkte Sonne ist ungünstig.

Als Substrat verwendet man Einheitserde oder kultiviert in Hydro. Günstig ist das Einbetten in Torf. Umgepflanzt wird nur bei Bedarf im Frühjahr. Wächst das Aronstabgewächs zu dynamisch, führt man dabei einen Rückschnitt durch. Während der Vegetationsperiode düngt man alle zwei Wochen.

Waldgrün und raumhoch

In großen Räumen kommen Zimmerbäume besonders gut zur Geltung. Wir stellen hier die besten Arten vor.

Gar nicht feige – Ficus

Ohne jeden Zweifel sind Zimmerfeigen die beliebtesten Zimmerpflanzen überhaupt. Denn sie vereinen Pflegeleichtigkeit mit apartem Aussehen und geringen Kosten.

Die Birkenfeige *(Ficus benjamina)* gilt dabei als Top-Favorit der Gattung. Sie schätzt gleichbleibende Wärme und Feuchtigkeit. Ihr Ballen darf nie austrocknen, und bei Zugluft oder Verdrehen der Pflanze wirft sie rasch etliche Blätter ab. Je luftfeuchter und heller der Standort, desto besser.

Direkte Sonne sollte man allerdings vermeiden. Das Maulbeerbaumgewächs empfiehlt sich auch für die Hydrokultur.

Mittlerweile ein Klassiker: die Birkenfeige Ficus benjamina

Man hält es stets leicht feucht und düngt im Sommer zweimal im Monat. Bei Bedarf setzt man die Pflanze im Frühjahr in frische Einheitserde. Spinnmilben- oder Schildlausbefall wird sofort bekämpft. Ein warmer Sommerregen befreit das Laub einmal im Jahr vom Staub.

Außer der Birkenfeige gibt es noch eine Reihe anderer, schöner *Ficus*-Arten, die ähnlich gepflegt werden und die sich gut kombinieren lassen: z. B. die Geigenfeige *(Ficus lyrata)* mit großen geigenförmigen Blättern oder *Ficus binnendijkii* mit schmalem, länglichem Blattwerk. Alle Ficus-Arten sollten nicht bei Temperaturen unter 15 °C transportiert werden.

Neu im *Ficus*-Sortiment sind übrigens die Mini-*Ficus*-Pflanzen für die Fensterbank. Ihre Wuchshöhe bleibt unter 50 cm. Auch sie sind schon in verschiedenen Arten und Sorten erhältlich.

Baum mit Gummi

Dem großblättrigen Gummibaum *(Ficus elastica)* fehlt zwar die zeitgemäße Leichtigkeit der Birkenfeige, trotzdem ist er als Zimmerbaum nicht zu verachten.

Er passt sich nicht an; steif und fest mit glänzend dunkel-grünen Blättern bildet ist er ein wertvolles Raumskelett, das sich schön mit kleinblättrigen Pflanzen kombinieren lässt. Er wirft das Laub nicht ab und harrt auch in schattigen Ecken lange aus. Wie alle *Ficus*-Arten eignet er sich auch für die Hydrokultur.

In Pflege und Standortanspruch entspricht er den Bedürfnissen der Birkenfeige. An hellen Standorten wächst er auch im Winter weiter. Dann sollte auch einmal im Monat gedüngt werden.

Und keine Angst vor dem weißen Milchsaft: Er ist ungiftig. Etwas Zigarettenasche stoppt den Saftfluss bei Verletzungen rasch. Auf den großen Blattflächen lässt sich schnell Staub nieder, der ab und zu feucht abgewischt wird. Eine Behandlung mit Blattglanzspray verbessert danach nicht nur die Optik, sondern schützt auch vor Schädlingsbefall.

Dracaenen *stellt man hell und warm, hält sie leicht feucht und düngt im Sommer alle 14 Tage. Links* Dracanea deremensis, *rechts* Dracanea surcolosa *var.* surcolosa.

Starke Type – Yucca

Eine starke Persönlichkeit fürs Zimmer ist ohne Zweifel die Riesen-Palmlilie *(Yucca elephantipes)*. Egal ob in Hydro-, Erd- oder Seramiskultur, einen standfesten Kübel sollten man für das schopfbaumförmige Agavengewächs aus Mexiko und Guatemala schon parat haben. Sein dicker, säulenartiger Stamm, oft gekappt, trägt schwere, derbe Blattrosetten. Alte Pflanzen entwickeln manchmal oberhalb der Blätter einen prächtigen Blütenstand mit weißen, duftenden, sich nur nachts öffnenden Blüten. So genannte spezielle „Yucca-Motten“ sind in der Natur für die Bestäubung verantwortlich.

Der Standort für die auch „Yucca-Palme“ genannte Pflanze sollte sonnig und mäßig warm sein: im Sommer auch gerne draußen; im Winter reichen 10 °C, mehr, schaden aber auch nicht. Im Sommer feucht halten und zweimal monatlich düngen. Im Winter gerade nicht austrocknen lassen. Es sollte eine Wachstumspause einsetzen.

Drachenbäume für drinnen

Auch die beliebten Drachenbäume sind Agavengewächse. Die strauch- oder baumförmig wachsenden Dracaenen sind keine Problempflanzen. Man stellt sie hell und warm, hält sie leicht feucht und düngt im Sommer alle 14 Tage. Im Frühjahr wird bei Bedarf umgetopft. Hydrokultur ist ebenfalls möglich.

Die Arten- und Sortenvielfalt ist groß, so dass für jeden Raum etwas dabei ist. Sie lassen sich wunderschön mit sich selbst kombinieren. Auch gleiche Sorten in verschiedener Höhe (Alter) ergeben schöne Arrangements.

Dicke Luft und schlechter Duft

Wer hätte gedacht, dass Zimmerpflanzen sogar bei unschönen Gerüchen und schlechter Luft im Zimmer helfen. Aber probieren Sie es doch selbst einmal.

Frische mit Birkenfeigen

Die schon erwähnten Birkenfeigen (siehe Seite 45) verdunsten über ihre große Blattoberfläche viel Wasser und erhöhen so die Feuchtigkeit bei zu trockener Raumluft. An einem schönen, hellen Standort produzieren sie auch viel Sauerstoff, was ebenfalls die Luftqualität verbessert. Achten Sie deshalb darauf, dass sie den bestmöglichen Platz für die Pflanze wählen, vermeiden Sie Zugluft und Schädlinge und drehen Sie den Baum nicht. Gelbe Blätter, deren Auftreten in der Eingewöhnungszeit nach dem Einräumen normal ist, werden erst entfernt, wenn sie von selbst abgefallen sind.

Strahlende Aralien

Die Strahlenaralie *(Schefflera arboricola)*, ein Araliengewächs aus Taiwan, ist nicht nur sehr dekorativ, sondern gilt auch als Luftverbesserer. Auch sie kann das aber nur für Sie erledigen, wenn es ihr gut geht. Platzieren Sie sie an einem mäßig warmen (15 bis 18 °C), hellen Ort ohne direkte Sonne.

Die Pflanze toleriert auch halbschattige Orte, kann dort aber ihre Klima-Funktionen kaum erfüllen. Bei kaltem Untergrund kommt isolierendes Material unter den Topf. Denn „Fußkälte" verträgt der immergrüne Baum ebenso wenig wie überhitzte Zimmer. Man gießt gleichmäßig und düngt im Wachstum zweimal im Monat. Bei Bedarf wird im Frühjahr in Einheitserde umgetopft. Eine Kultur in Hydro ist sehr erfolgreich und empfehlenswert.

Sehr elegant – die Strahlenaralie (Schefflera arboricola).

Im Handel sind verschiedene Sorten und auch weitere *Schefflera*-Arten erhältlich, die ähnlich kultiviert werden.

Die buntlaubigen Sorten benötigen besonders helle Standorte. Das Einsprühen mit einem Blattglanzspray beugt dem Schildlausbefall vor.

Cyperus diffusus *benötigt weniger Wasser als seine Verwandten.*

Zitronige Geranien

Geranien bzw. besser Pelargonien, die für Wohlgerüche im Zimmer sorgen, sind vor allem die Rosengeranie *(Pelargonium graveolens)*, die Zitronengeranie, *(Pelargonium x citrosmum)* und *Pelargonium odier*. Diese so genannten Blattpelargonien entwickeln zwar auch Blüten, diese sind aber relativ unauffällig. Besonders nach Berührung und Bewegung verströmen ihre Blätter aber einen intensiven Geruch nach Balsam, Zitrone bzw. Süße. Lästige Insekten wie Mücken können ihn nicht leiden und lassen sich so vertreiben. Das macht Duftpelargonien so ideal für Bad, WC und Küche.

Der beste Standort ist vollsonnig. Im Sommer ist zimmerwarm okay, im Winter sollten die Temperaturen möglichst niedriger (10 bis 15 °C) liegen. Die Temperaturen dürfen aber auch beim Transport nicht unter 10 °C fallen. In der Vegetationsperiode hält man das Substrat gleichmäßig feucht, im Winter wird nur wenig gegossen. Zweimal monatlich verabreichter stickstoffarmer Pelargoniendünger sorgt für schönen Wuchs. Im Frühjahr topft man bei Bedarf in Pelargonien-Erde um.

Schädlinge wird man auf den Duftpflanzen zum Glück vergeblich suchen.

Verwelkte Blüten fallen nicht ab, sondern müssen herausgerupft werden. Im Gegensatz zu den Edelpelargonien lassen sich Duftpelargonien leicht mehrere Jahre halten. Um kompakte Pflanzen zu erhalten, kürzt man die Triebe im Frühjahr etwas ein.

Nützliche Zypergräser

Zypergräser *(Cyperus involucratus)* sind nicht nur pflegeleicht, kostengünstig und dekorativ, sie verbessern die Raumluft auch wesentlich.

Kaum eine andere Pflanze verdunstet soviel Wasser. Am besten kultiviert man die Sumpfpflanze gleich in Hydro.

Ein ausreichend großes Gefäß nimmt den für einen längeren Zeitraum erforderlichen Wasservorrat auf. Die Halme sollte mit ihrer Basis jedoch nicht im Wasser stehen, denn sie faulen schnell. Der Wurzelballen muss dagegen ständig triefend nass sein, sonst gibt es braune Blattspitzen.

Wichtig für gutes Wachstum ist ein heller Platz. Steht die Pflanze zu dunkel, bilden sich keine neuen Triebe. Man kann Zypergräser sogar an vollsonnige Standorte gewöhnen. Gleichmäßige Zimmerwärme ist wünschenswert.

Im Wachstum ist die übliche Hydropflanzen-Düngung erforderlich. Bei Erdkultur ein- bis zweimal monatlich düngen. Bei Bedarf wird im Frühjahr in frische Einheitserde umgesetzt. Zu groß gewordene Pflanzen teilt man dabei.

Zypergräser gesellt man besonders vorteilhaft zu Pflanzen, die eine höhere Luftfeuchtigkeit benötigen.

Duft wie Jasmin

Jasmin *(Jasminum officinale)* ist ein immergrünes kletterndes Ölbaumgewächs und vom Iran bis China zu Hause. Seine rankenden Triebe mit den fünf- bis siebenteiligen Blättern umklammern jeden denkbaren Halt. Im Sommer und Herbst erscheinen intensiv duftende, weiße Blüten. In kleinen Räumen und Schlafzimmern wirkt ihr Duft jedoch zu aufdringlich. Besser ist ein Platz in Diele oder Bad.

Dort sollte es auch viel Sonne geben und nicht zu warm sein. Zur Förderung der Blütenbildung ist sogar wenn möglich eine Winterruhe bei 5 °C zu empfehlen. Man gießt den Jasmin im Sommer reichlich und im Winter mäßig und versorgt ihn im Wachstum auch zweimal monatlich mit Dünger. Im Frühjahr erfolgt das Einsetzen in frische Einheitserde.

Da der Jasmin zügig wächst, beschränkt man seine Ausmaße häufig durch einen kräftigen Rückschnitt nach der Blüte.

Grüne Lilien fürs Zimmer

Zur Bekämpfung von Luftschadstoffen setzt man am besten Grünlilien *(Chloro-*

Praktisch – grünblättrige Grünlilien brauchen weniger Licht als hellblättrige.

phytum comosum) ein. Man benötigt natürlich mehrere, große und gesunde Exemplare, um einen messbaren Effekt zu erzielen.

Das Liliengewächs stammt aus Südafrika und trägt seine kleinen, weißen Blüten an langen Stielen, die aus einem üppigen Blattschopf heraustreten. An ihnen entwickeln sich bald Jungpflanzen, die apart herabhängen. Man kann sie abtrennen und separat einpflanzen, wenn sie gut entwickelt sind.

Besonders beliebt ist die Sorte 'Variegata' mit hellem Mittelstreifen.

Ihr Standort sollte möglichst hell sein, die grünblättrigen Exemplare vertragen auch etwas Schatten, aber keine direkte Sonnenbestrahlung. Zimmerwärme und mäßige bis gleichmäßige Bodenfeuchtigkeit sind erforderlich. Temperaturen unter 10 °C werden nicht vertragen. Während des Wachstums düngt man zweimal im Monat.

Grünlilien eignen sich auch hervorragend als Hydropflanzen und zur Bepflanzung von Zimmerbrunnen und Ampeln. Eine hohe Luftfeuchtigkeit verhindert das Auftreten von braunen Blattspitzen. Unter ungünstigen Bedingungen kann es zum Befall mit Schildläusen kommen.

Auch nicht von schlechten Eltern

Keineswegs von schlechten Eltern sind die folgenden grünen Genossen: Sie gelten als robust und pflegeleicht.

Unverwüstliche Clivien

Die Heimat der Clivie *(Clivia miniata)* ist Südafrika. Das Amaryllisgewächs bildet im Laufe der Zeit einen mächtigen, fleischigen Wurzelstock, aus dem schwungvoll gebogene Blätter heraustreten. Zwischen ihnen erscheinen Blütendolden mit meist orangefarbenen Trichterblüten. Aus einigen ent-

Clivien topft man etwa alle drei Jahre um, wenn die Wurzeln an der Erdoberfläche heraustreten.

wickeln sich grüne, später rote Beerenfrüchte, die man sogar aussäen kann. Allerdings entwickeln sich die Blüten im nächsten Jahr besser, wenn man die abgeblühten Blütenstiele bald herausschneidet.

Ein heller bis halbschattiger und mäßig warmer Standort ist von Vorteil. Im Herbst/Winter darf es gerne einige Wochen etwas kälter sein. Unter 5 °C sollten es aber nicht werden. Während sie in der Ruhephase fast kein Wasser benötigt, hält man die Clivie von der Blüte bis Ende August leicht feucht und düngt sie auch zweimal im Monat. Staunässe führt zur raschen Fäulnis der Wurzeln.

Bei Bedarf teilt man nach der Blüte große Pflanzen mit mehreren Seitensprossen beim Umtopfen. Dazu verwendet man gewöhnliche Blumenerde. Die Clivie wird allerdings möglichst selten umgetopft, am besten nur, wenn die Wurzeln sich deutlich oben aus dem Topf herausdrücken.

Bei zu warmem und dunklem Stand während der Ruhephase kann es zu Befall mit Schildläusen kommen.

Schöne Lanzenrosetten

Bromelien haben ihren festen Platz im Zimmergarten. Schon immer. Aber heute bekommen sie sogar einen Ehrenplatz.

Und den hat die schöne Lanzenrosette (*Aechmea*-Hybride) doch wirklich verdient. In den Tropen Amerikas hat sie ihren Ursprung. Dort klammert sie sich auf Bäumen fest und fängt mit ihrem Blattrichter Regenwasser und Nährstoffe ein. Deshalb sind ihr Temperaturen unter 10 °C ein Graus. Und ebenso hartes und kaltes Leitungswasser. Am besten verwendet man destilliertes Wasser aus der Drogerie und fügt diesem etwas Orchideendünger hinzu. Damit hält man das Substrat stets schwach feucht. Gleichzeitig befüllt man den Blatttrichter. Etwa alle zwei Monate tauscht man das Wasser in der Blattzisterne vollständig gegen Frisches aus.

Da man die Pflanze blühend kauft, braucht sie nicht mehr umgetopft zu werden. Nach der mehrere Wochen dauernden Blüte stirbt die Mutterpflanze langsam ab. Vorher bildet sie aber noch einige Tochterpflanzen, die man abtrennen kann, sobald sie etwa 15 cm Größe erreicht haben. Diese setzt man einzeln in Töpfe mit Epiphytensubstrat und kultiviert sie wie die Mutterpflanze weiter.

Damit die Tochterpflanzen zu blühen beginnen, kommen sie für knapp zwei Wochen an einem hellen und warmen Ort in einen durchsichtigen Plastikbeutel, zusammen mit reifen Äpfeln!

Der reife Apfel produziert nämlich ein Pflanzenhormon, Äthylen, das die Blütenbildung anregt. Da es ein Gas ist, wird es vom Apfel in die umgebende Luft ausgeschieden und so durch die Bromelie aufgenommen.

Am besten setzt man die Lanzenrosette zusammen mit schönen Orchideen und anderen Bromelien, grünen Tillandsien oder Farnen in ein großes, mit Torf gefülltes Gefäß. Das Ganze dekoriert man mit knorrigen Wurzeln oder Zweigen und platziert es hell bis sonnig, aber ohne pralle Mittagssonne.

Ab und zu kontrolliert man auf Befall mit Schild- oder Wollläusen. Vorsicht bei deren Bekämpfung: Bromelien vertragen nicht alle Insektensprays.

Farbenprächtige, exotische Bromelien passen zum Ethno-Stil.

Auch andere Bromelien kultiviert man in vergleichbarer Weise. Doch gilt die Lanzenrosette als die einfachste, da sie auch trockene Luft gut verträgt.

Blüten bizarr wie Flamingos

Anthurien oder Flamingoblumen sind wundervolle Aronstabgewächse aus den Tropen Amerikas. Besonders auffällig ist nicht ihr farbiger Blütenkolben, sondern das große, tragende, bunte Hochblatt. Als Zimmerpflanzen dienten früher vor allem die kleinen *Anthurium-Scherzerianum*-Hybriden, zu erkennen an ihren geringelten Blütenkolben.

Heute dagegen überwiegen die größeren Sorten der *Anthurium-Andreanum*-Hybriden, früher nur als Schnittblumen bekannt. Ihr Blütenkolben steht fast gerade. Und ihre Sortenvielfalt ist heute scheinbar unbegrenzt.

Topfanthurien sind stets schön anzusehen. Aber die aktuellen Sorten der *Anthurium-Andreanum*-Hybriden sind wirklich was Besonderes. Nehmen Sie zum Beispiel die Sorte 'Eveline'. Weit über dem Blattwerk stehend präsentiert sie ihre großen Hochblätter in aktuellen Rosatönen. Einige Monate dauert es, dann hat sich die Färbung in ein braunes Grün verwandelt. Da die Blüten bei guter Pflege fast kontinuierlich erscheinen, stehen immer verschiedene Farbstadien an einer Pflanze zur Auswahl.

Die kompakte Pflanze wird etwa 70 cm hoch und kann etliche Jahr alt werden. Wärme und hohe Luftfeuchtigkeit fördern eine kontinuierliche Blütenbildung. Man transportiert Anthurien daher nicht bei Temperaturen unter 15 °C und stellt sie an einen warmen, hellen, nicht sonnigen und nicht zugigen Platz. Mit möglichst weichem, zimmerwarmen Wasser hält man sie leicht feucht; stehende Nässe wird nicht vertragen. Zweimal im Monat wird gedüngt. Da Anthurien salzempfindlich sind, verdünnt man dazu die normale Düngerlösung 1:1 mit weichem Wasser.

Günstig ist eine hohe Luftfeuchtigkeit, die man zum Beispiel durch Hydro- oder Seramiskultur oder Einbetten in Torf erreicht. In sehr trockener Luft hilft auch häufiges Sprühen mit weichem (destilliertem) Wasser. Das darf aber nur die Blätter erreichen. Auf den Blüten verursacht Feuchtigkeit hässliche Flecken.

Anthurien empfehlen sich geradezu für die Hydrokultur. Man muss allerdings darauf achten, dass der Topf schön warm steht. Auf einem kalten Untergrund legt man isolierendes Material (z. B. Styropor) unter. Man kann sie selbst von der Erd- auf die Hydrokultur umsetzen, indem man sorgfältigst sämtliche Erdreste aus den Wurzeln wäscht. Besser ist es aber, bereits fertige Hydropflanzen zu erwerben.

Der Einsatz von Hydropflanzen erspart einem auch die Zubereitung des Erdsubstrates, für das man handelsübliche Blumenerde mit reichlich Torf oder Sphagnum-Moos versetzt.

Schwertfarn, Zierspargel und Gummibaum sind angemessene grüne Genossen; Porzellan und glänzend glasierte Keramik sowie Messing und Silber adäquates Accessoire zum glänzenden Anthurienlaub.

Bubis Köpfchen und korallenrote Beeren

Das eigenwillige Bubiköpfchen *(Soleirolia soleirolii)* wächst wild als Bodendecker an schattigen Stellen auf Mallorca, Korsika und Sardinien. Merkwürdigerweise ist es ein Brennesselgewächs.

Im Zimmer ist sein Platz halbschattig bis hell und mäßig warm. Auch tiefere Temperaturen sind im Winter kein Problem. Besonders schön sieht es aus, wenn die Pflanzen über den Topfrand hinunterwuchern. Wird es zu üppig, schneidet man die „Haarpracht" einfach zurück. Zu große oder zu alte Pflanzen teilt man in der Mitte durch.

Bubiköpfchen sind in verschiedenen Grüntönen erhältlich. Diese kann man prima miteinander kombinieren und zusammen in mit Torf oder Seramis gefüllte Schalen setzen. Je heller grün, desto mehr Licht benötigen die Pflanzen.

Ähnlich kultiviert man die Korallenbeere *(Nertera granadensis)*, einen amerikanischen Bodendecker, der im Herbst aus unscheinbaren Blüten dekorative orangerote oder gelbe Steinfrüchte entwickelt. In diesem Stadium wird sie im Handel

Beerenstarke Korallenbeere.

angeboten, weil ihre Früchte lange haltbar sind. Die Korallenbeere wünscht einen hellen bis sonnigen Standort.

Beide Pflanzen lieben eher niedere Temperaturen. Bei zu warmen Standort wuchern sie zu stark. Man hält sie leicht feucht und düngt im Sommer selten (etwa einmal im Monat) mit einer verdünnten Düngerlösung.

Hafer im Raum

Der bunte Zimmerhafer *(Billbergia nutans)* hat mit dem essbaren Hafergetreide nichts gemein, sondern ist eine bodenbewohnende Bromelie aus Südamerika.

Im Winter trägt er nickende Blütenstände, an denen die rötlichen Hochblätter besonders ins Auge fallen. Die eigentliche Blüte hält nur wenige Tage.

Man wählt für ihn einen halbschattigen und ganzjährig zimmerwarmen Platz. Temperaturen bis 10 °C werden aber auch toleriert. Günstig ist warmes, weiches Gießwasser. Die Pflanze darf weder austrocknen, noch im Wasser stehen. Im Sommer düngt man sie alle zwei Wochen. Als Substrat verwendet man Bromelienerde.

Sonnenkinder

Direktes, pralles Sonnenlicht, so wie es an einem Südfenster um die Mittagszeit auftritt, ist für viele Pflanzen ein Problem. Den folgenden Schönheiten macht es aber gar nichts aus.

Dekorativ: Agaven, Aeonien & Co.

Eine der schönsten Agaven fürs Zimmer ist die Fadentragende Agave *(Agava filifera)*. Sie bleibt klein und schmückt sich mit weißlichen Faserfäden, die dekorativ von den Blättern herabhängen.

Im Winter benötigen die Pflanzen eine Ruheperiode möglichst bei 10–15 °C. In dieser Zeit verhindert man durch gelegentliche Wassergaben vollständiges Vertrocknen. Stehen die Pflanzen im Winter wärmer, benötigen sie etwas mehr Wasser. In den übrigen Zeiten hält man die Agave leicht feucht und düngt zweimal im Monat mit einer verdünnten Düngerlösung. Als Substrat dient durchlässige Einheitserde oder Kakteensubstrat. Umgetopft wird aber nur selten. Noch weniger Arbeit macht die Kultur in Hydro oder Seramis.

Aeonium tabuliforme, *eine stammlose, verwandte Art, bildet große Rosetten aus hunderten von Einzelblättchen.*

Aparte Rosetten aus fleischigen Blättern am Ende kräftiger Stämme kennzeichnen die pflegeleichten Strauchaeonien *(Aeonium arboreum)* aus Marokko.

Sie werden ähnlich wie die obige Agave kultiviert, benötigen aber stets soviel Wasser, das ihre Blätter nicht abfallen.

Ebenso einfach ist die Pflege der neuen, aktuellen Trendpflanze *Adenanthos*. Sie wird unter der Bezeichnung Koalapflanze gehandelt. Die graugrüne, behaarte Pflanze mit dem hohen „Streichelfaktor" fühlt sich wunderbar weich an. Sie werden ihre Triebe vielleicht schon als Schnittgrün kennen.

Das Proteusgewächs stammt aus Australien, eignet sich für Wintergärten, überdauert aber auch im Zimmer lange. Erhältlich ist die Koalapflanze meist nur im November und Dezember. Es gibt sie in zwei Varianten. Die eine wächst aufrecht, die andere eher kriechend. Beide besitzen dichtes Laub und stark verzweigte Triebe.

Ob volle Sonne oder Schatten ist ihr ziemlich gleich. Hauptsache der Topfballen trocknet nie aus. Ansonsten ist die Koalapflanze völlig unempfindlich und verträgt sogar leichten Frost. Man düngt sie im Wachstum einmal im Monat. Als Substrat reicht Einheitserde. Kakteensubstrat geht aber auch. Vermutlich lässt sich die Koalapflanze auch gut in Hydro kultivieren.

Bogenhanf & Christusdorn

So neu die Koalapflanze, so alt ist der Bogenhanf als Zimmerpflanze. Und heute erlebt er ein Comeback.

Sanseviera trifasciata aus dem tropischen Afrika ist der beliebteste Bogenhanf. Ältere Pflanzen, sie erreichen schnell einen Meter Höhe, bilden einen stark duftenden Stand mit unscheinbaren Blüten aus.

Die anspruchslose Pflanze verzeiht so gut wie alles außer zu viel Wasser und Temperaturen unter 15 °C. Wird sie irgendwann zu dicht, teilt man sie im Frühjahr in zwei Pflanzen auf. Ab und zu empfiehlt sich eine Kontrolle auf Schildläuse.

Die Zeichnung und Färbung der Blätter variiert je nach Sorte. Man achte darauf, dass die Gefäßfarbe genau darauf abgestimmt ist. Für hohe Metallgefäße empfiehlt sich die Sorte 'Silver Cloud' mit silbrigen Blättern ohne jede Zeichnung. Ist Ihnen der traditionelle Bogenhanf zu groß, versuchen Sie es doch mal mit den kleinbleibenden (bis 15 cm hoch), rosettenartig wachsenden 'Hahnii'-Varietäten.

Präsentiert in hohen Gefäßen unterstreicht der Bogenhanf die klaren, grafischen Linien moderner Inneneinrichtung.

Der Christusdorn *(Euphorbia milii)* wird auf Madagaskar ein fast zwei Meter hoher Strauch. Wie beim Weihnachtsstern, mit dem er verwandt ist, sind es die weißen, rosa oder roten Hochblätter und nicht die Blüten, die auffällig in Erscheinung treten. Im Unterschied zu jenem macht dem Wolfsmilchgewächs sogar direkte, trockene Heizungsluft überhaupt nichts aus.

In den letzten Jahren erfährt der Christusdorn eine wahre Sortenexplosion. Die Zahl der Sorten hat sich fast verdreifacht. War lange Zeit Rot die bevorzugte Farbe, schätzt man heute eine neue Sorte mit gelben Hochblättern und dunklem Herz besonders.

Bei Zugluft und schwankenden Temperaturen wirft der Christusdorn seine Blätter ab. Auch Temperaturen unter 15 °C sollte man ihm nicht zumuten. Ansonsten wird gerade soviel gegossen, dass die Blätter nicht vertrocknen. Eine Ruhephase ist nicht erforderlich.

Im Sommer (bei blühenden Pflanzen auch im Winter) belohnt man die ausdauernde Blüte alle zwei Wochen durch Düngergaben. Jedes zweite Frühjahr erhält der Christusdorn frische Einheitserde. Man fasst ihn dabei am besten mit Arbeitshandschuhen an. Er kann bis zu einem Meter hoch werden. Unproblematisch ist beim Christusdorn wie beim Bogenhanf eine Kultur in Hydro.

Dicke Blätter

Natürlich dürfen hier auch die drallen Pflanzen mit den prallen Blättern nicht fehlen. Botanisch heißen sie Dickblattgewächse und ihre fleischigen Blätter speichern Wasservorräte für Notzeiten. Das macht sie zu idealen Zimmerpflanzen für Leute ohne viel Zeit. Zudem eignen sie sich auch gut für die Hydrokultur und benötigen nicht viel Platz. Gemein ist etlichen Arten der gestauchte Spross und die dicht aneinander gerückten Blätter. Durch ihre Arten- und Formenvielfalt verführen sie manchen regelrecht zum Sammeln.

Viele Vertreter unter den *Crassula*-Arten kommen aus Südafrika. Der Geldbaum *(Crassula ovata)* ist da schon ein Klassiker. Im Trend der Zeit liegt mehr ungewöhnliche Verwandte.

Die verschiedenen Fetthenne-Arten *(Sedum)* sehen nicht nur in kleinen Ampeln sehr hübsch aus. Man präsentiert sie heute auch in aktuellen Standgefäßen, die ihre Persönlichkeit unterstützen.

Echeverien *(Echeveria)* bilden rosettige Polster oder kleine Sträucher aus. Sie eignen sich gut für Trockenlandschaften in flachen Schalen.

Alle Dickblattgewächse lieben volle Sonne. Trockene Luft schadet überhaupt nicht. Mäßige Wärme im Sommer und im Winter eine Ruheperiode bei 10 °C in luftiger Umgebung sind empfehlenswert, aber nicht immer machbar. Auf jeden Fall sollte man im Winter wenig gießen und nicht

Blühende Echeverien können sich sehen lassen.

düngen, damit die Pflanze zur Ruhe kommt. Bei zu warmer Haltung droht Spinnmilbenbefall. Zu viel Feuchtigkeit ruft Fäulnis hervor.

Im Sommer erhalten Dickblattgewächse alle zwei Wochen etwas Kakteendünger. Ihre Erde sollte durchlässig und locker sein. Am besten verwendet man Kakteenerde. Umgetopft wird nur selten, etwa alle zwei oder drei Jahre.

Kakteen: robust, pflegeleicht und dekorativ.

Stachelige Genossen

Wie viele Sukkulenten erleben auch die Kakteen zur Zeit eine Hoch-Zeit. Pflegeleicht, exotisch, individuell und eigenwillig passen sie ideal zum modernen Lebensstil. Ihre Heimat sind die Trockengebiete Amerikas. Bis auf wenige epiphytische Vertreter (Blattkakteen wie Weihnachts-, Oster- und Rutenkaktus, siehe Seite 33) benötigen alle einen vollsonnigen Standort. In Pflege und Standortbedingungen entsprechen sie weitgehend den Dickblattgewächsen.

Rund 2000 Kakteen gibt es. Da ist sicherlich auch für Sie die passende dabei. Alle kennzeichnet die zu dornenbesetzten Höckerchen (Areolen) umgewandelten Kurztriebe. Blätter fehlen ihnen in aller Regel. Sie wurden zu Dornen (Arbeitshandschuhe tragen!).

Zu den beliebtesten Kakteen gehören jedoch die kleinen, kugeligen Warzenkakteen *(Mammillaria)*. Sie blühen bereits als kleine Pflanzen und werden auch nicht viel größer.

Alle Arten müssen im Winter hell, kühl und trocken stehen, damit sie Blüten bilden. Sonst werden sie schnell Opfer von Wollläusen, die aus der Kakteensammlung schwer wieder zu entfernen sind. Deshalb isoliert man befallene Pflanzen sofort (in eine Plastiktüte stecken und zubinden) und behandelt sie schnellstmöglich.

Palme aus Madagaskar

Ein Sonnenkind ist auch die Madagaskarpalme *(Pachypodium lameri)*. Und wenn sie gerne im Sommer in Urlaub fahren, dann ist diese Modepflanze das Richtige für Sie. Denn dann hat sie ihre Ruhephase und lässt sie gerne ziehen. Sie benötigt auch keine kühle Überwinterung wie viele andere Sukkulenten. Temperaturen unter

Hier gesellt sich eine schüchterne Aloe zur Madagaskarpalme.

15 °C sollte man bei ihr vermeiden.

Das sehr giftige Hundsgiftgewächs hat mit Palmen nichts zu tun. Es trägt lediglich seine Blätter wie Palmen schopfig gehäuft am Ende der Stämme. Diese sind stark mit Stacheln besetzt. In Madagaskar wächst es zu einem stattlichen Baum, dessen Stämme auch zehn Meter Höhe erreichen.

Sie wächst aber auch im Zimmer schnell und braucht dann bald stabile Töpfe. Bedecken Sie das Substrat mit weißen Kakteensteinen, um das Sonnenlicht zu reflektieren und so die Verdunstung herabzusetzen.

Als Substrat verwendet man Kakteenerde. Es wird leicht feucht gehalten; im Winter weniger gießen. Im Wachstum verabreicht man alle zwei Wochen Kakteendünger. Vorsicht: Die Pflanze ist salzempfindlich.

Übermäßiger Blattfall deutet auf zu viel Nässe oder zu niedrige Temperaturen hin.

Wolfsmilch im Topf

Für Singles, die eine aktuelle Alternative zu Kakteen suchen, sind die Wolfsmilchgewächse gerade richtig. Weil es in der Alten Welt keine Kakteen gab, nahmen dort Wolfsmilchgewächse ihren ökologischen Platz ein.

Man kennt mit Schwerpunkt in Afrika etwa 8000 Wolfsmilch-Arten. Nur verhältnismäßig wenige unter ihnen sind sukkulent, d. h. wie Kakteen wasserspeichernd, und blattlos. Diese Arten können leicht mit Kakteen verwechselt werden. Sie unterscheiden sich aber durch ihren giftigen Milchsaft von ihnen. Außerdem sind sie weniger stark bestachelt. Während bei Kakteen die Dornen immer zu mehreren zusammenstehen, treten sie bei den Wolfsmilch-Arten einzeln oder zu zweit auf.

In Pflege und Standortansprüchen stimmen sie mit den Bedürfnissen von Kakteen weitgehend überein. Wie diese eignen sich Wolfsmilchgewächse auch gut für die Hydrokultur. Sie benötigen volle Sonne, mäßige oder mehr Wärme (im Winter möglichst nicht mehr als 10 bis 15 °C), und wenig Wasser (im Sommer leicht feucht halten, im Winter deutlich weniger). Man düngt sie im Wachstum zweimal monatlich mit Kakteendünger und verwendet Kakteensubstrat. Sie brauchen allerdings nicht häufig umgesetzt zu werden. Schild- und Wollläuse sind ihre größten Feinde, auf die man gut achten sollte. Zuviel Wasser führt zu Fäulnis.

Fürs Zimmer kommen insbesondere säulenartige Formen wie die Kakteen-Wolfsmilch *(Euphorbia pseudocactus)* in Frage. Es stehen aber auch richtige Zimmerbüsche zur Auswahl. *Euphorbia tirucalli* ist eine richtige Modepflanze geworden. Beide können relativ rasch ein bis zwei Meter hoch werden.

Zu High-Tech-Küchen passen kühle Persönlichkeiten wie* Sedum burrito *(Mitte vorn) und* Euphorbia tirucalli *(links). Aber schön hell bis sonnig und nicht zu warm sollte es sein.

Schattendasein

Schattige Standorte sind für Zimmergärten nur bedingt geeignet. Hier finden Sie geeignete Kandidaten.

Des Schusters Palme

Eine kleine Renaissance erlebt zur Zeit die schöne, schattentolerante Schusterpalme *(Aspidistra elatior)*. Denn Palmen liegen im Trend.

Dabei ist sie gar keine Palme, sondern ein Liliengewächs, das früher in dunklen Schusterstuben überleben musste. Die robuste Pflanze entfaltet mehr als einen halben Meter lange, immergrüne palmwedelartige Blätter und stammt aus China.

Im Frühjahr zeigen sich bei älteren Pflanzen in Bodennähe die seltsamen, aber unscheinbaren Blüten. Man präsentiert sie am besten in Augenhöhe und stellt sie nicht auf den Boden. Wem die grüne Stammform zu langweilig erscheint, wählt die weiß-grüne Sorte 'Variegata'. Diese benötigt aber etwas mehr Licht und Wärme.

Für den Single-Haushalt ist die Schusterpalme deswegen

Unentbehrlich und doch lange unbeachtet – die Schusterpalme ist wieder da.

so empfehlenswert, weil sie sich gut für die Hydrokultur eignet und weil sie am liebsten jahrelang im gleichen Gefäß ausharrt. Also einfach nur den Ballen immer leicht feucht halten und in der Wachstumszeit hin und wieder mit einer verdünnten Düngerlösung versehen.

Mit unbeheizten (bis etwa 10 °C) Räumen kommt sie ebenso so gut zurecht wie mit beheizten, zugigen und sehr lufttrockenen. Und wenn sie irgendwann wirklich für ihren Topf zu groß wird (die Pflanze vergrößert sich durch seitliche Ausläufer) und der Topf völlig durchwurzelt ist, teilt man die Pflanze vorsichtig im Frühjahr auf. Natürlich reicht ihr auch die Blumenerde vom Laden um die Ecke. Single-Herz, was willst Du mehr?

Weißbunte Zimmeraralie

Viele kennen die Zimmeraralie *(Fatsia japonica)* nur in der grünen Form. Diese ist auch für dunkle Plätze am besten geeignet. Wenn etwas mehr Licht zur Verfügung steht, sollte man aber auch die attraktiven weißbunten Sorten in Betracht ziehen. 'Variegata' schmückt sich mit hellen Blatträndern. 'Annemie' hat gelblich-grünes Laub.

Das Araliengewächs stammt aus Japan. Dort wird der immergrüne Strauch ohne weiteres fünf Meter hoch. Der wenig verzweigte Trieb erreicht aber auch im Zimmer 1,50 m Höhe. Ältere Pflanzen benötigen deshalb eine Stütze und freuen sich über einen Einzelplatz.

Die großen, ledrigen, handförmig geteilten Blätter müssen ab und zu entstaubt werden, damit sie schön glänzen. Eine Behandlung mit Blattglanzspray wirkt nicht nur unterstützend, sondern schützt auch vor Schildläusen.

Die große Blattmasse verdunstet einiges an Wasser. Deshalb erleichtert man sich die Gießarbeit, wenn man die Pflanze in Hydro kultiviert. Im Sommer sollte Erd-Substrat gleichmäßig feucht bleiben, im Winter benötigt die Pflanze eine Ruheperiode bei etwas weniger Wasser und möglichst abgesenkten Temperaturen (10 bis 15 °C). Im Wachstum düngt man alle zwei Wochen. Zu groß gewordene Pflanzen topft man im Frühjahr in frische Einheitserde um.

Aktuelle Farne & Partner

Viele Farne sind Waldpflanzen und von Natur aus an Schatten angepasst. In weißen Wohnlandschaften kommen sie besonders gut zur Geltung und schaffen Ruhezonen fürs Auge. Man kombiniert sie einfach mit sich selbst, mit der Henne mit Küken oder mit Zierspargel (*Asparagus*-Arten, siehe Seite 41).

In feuchten, schattigen Räumen fühlt sich der zarte Frauenhaarfarn *(Adiantum raddianum)* besonders wohl. Die Temperaturen sollten allerdings nicht unter 18 °C fallen.

Die Davallie *(Davallia mariesii)* treibt kräftige, oberirdische Rhizome, mit denen sie in ihrer asiatischen Heimat über den Waldboden zwischen Stubben umherkriecht. Man lässt sie am besten in Ampeln über den Topfrand kriechen. Ihr schadet trockene Luft nicht. Die Temperaturen dürfen aber auch nicht zu niedrig liegen.

Baden mit grünem Frauenhaar(farn).

In kälteren Räumen kommt die Henne mit Küken *(Tolmiea menziesii)* zum Einsatz, ein pflegeleichtes Steinbrechgewächs, das gut zu Farnen passt und seinen Nachwuchs bereits mit sich herumträgt.

Alle Pflanzen hält man mäßig bis gleichmäßig feucht (am besten mit weichem Wasser), im Sommer düngt man alle zwei Wochen mit einer schwachen Düngerlösung. Gut durchwurzelte Farne setzt man im Frühjahr in frische Einheitserde um. Für die Davallie verwendet man am besten Orchideensubstrat.

Vorsicht: Farne vertragen keine Blattglanz- oder Pflanzenschutzsprays.

Literatur und Adressen

Sie haben Spaß am Zimmergarten und möchten noch mehr wissen? Dann lesen Sie weiter in:

Anita Paulißen (1998): Zimmerpflanzen. Die 300 beliebtesten Blüten- und Blattpflanzen richtig behandeln, erfolgreich pflegen und gesund erhalten. 2. Aufl., 224 S. ISBN 3-8944-0265-2

Ihre Pflanzen sind krank und Sie brauchen Hilfe? Dann schlagen Sie nach in:

Gottfried Stelzer (1992): Zimmerpflanzen: mit neuem Diagnosesystem Krankheiten erkennen. Nachaufl., 192 S.
ISBN 3-8068-4274-4

Ansprechpartner Nummer eins in Sachen Pflanzenschutz und Pflanzenkrankheiten ist:

Fachhochschule Weihenstephan, Staatliche Versuchsanstalt für Gartenbau
Telefonischer Beratungsdienst donnerstags und freitags von 8 bis 11 und von 14 bis 16 Uhr
Tel.: 08161/714541
Fax: 08161/714417

Der umweltbewusste Zimmerpflanzengärtner erhält Ratschläge bei:

Grünes Telefon der Blumeninsel Mainau – Abteilung Ökologie & Naturerziehung
Beantwortet werktags zwischen 9 und 12 Uhr sowie Mittwoch nachmittags von 14 bis 16 Uhr Fragen zu „grünen Sorgenkindern"
Tel.: 07531/3 3191

Sie suchen weitere Informationen über Seramis? Dann wählen Sie:

Seramis Direct-Info-Nr.
0180/5300-380
0,48 DM/Minute

Fachleute für die Hydrokultur finden Sie u. a. bei:

Leni Hydrokultur
Gebr. Lenz GmbH
51691 Bergneustadt
Tel.: 02261/409900
Fax: 02261/4099150

Hydropflege Kunert GbR
Rathausstr. 15
93152 Nittendorf
Tel.: 09404/969610
Fax: 09404/969620

Sie brauchen jemanden, der Ihre Pflanzen im Urlaub versorgt?

Dann fragen Sie doch mal Ihre neue Nachbarin oder Ihren alten Nachbarn!

Sie suchen eine Fachberatung zur Pflanzenbewässerung? Dann sprechen Sie mit den Fachleuten im:

Infozentrum der Landwirtschaftskammer Rheinland
Gartenstr. 11
50765 Köln-Auweiler
Tel.: 0221/5340175

Sie möchten Kontakt zu einem wirklichen Tüfftler und Spezialisten in Sachen künstlicher Bewässerung? Dann wenden Sie sich an:

Dipl. Ing. Günter Ortmann
Uhlandstr. 31a
40723 Hilden
Tel./Fax: 02103/65829

Ein umfangreiches Angebot in Sachen Bonsai und Zimmerbrunnen finden Sie z. B. bei:

Bonsai Wehrl
Alexanderstr. 7
95488 Eckersdorf – Donndorf
Tel.: 0921/31788
Fax: 0921/39453

Bonsai Centrum Heidelberg
Mannheimerstr. 401
69123 Heidelberg-Wieblingen
Tel. 0 62 21 / 8 49 10
Fax: 0 62 21 / 84 91 30

Seminare zum Thema Zimmerpflanzen bieten u. a.:

Volkshochschule Düsseldorf
Tel. 02 11 / 8 99 41 50

Infozentrum der Landwirtschaftskammer Rheinland
Gartenstr. 11
50765 Köln-Auweiler
Tel.: 02 21 / 5 34 02 00
Fax: 02 21 / 5 34 02 99

Grüne Wohnideen finden Sie übrigens u. a. in den Zeitschriften:

Mein schöner Garten
Flora Gartenwelt
Schöner Wohnen
Bloom's – Magazin für Lebenskultur und Blumen
Garten-Haus
Bonsai Art

Bei einer Vergiftung rufen Sie die Giftnotrufzentrale in Bonn an:

Tel.: 02 28 / 28 7-32 11
oder -33 33
(besetzt rund um die Uhr)

Sie möchten Ihre Meinung zu diesem Buch mitteilen oder auf einen Fehler hinweisen?

Schicken Sie eine E-Mail an:
info@pflanzenpraxis.de

Bitte treten Sie ein!

Probleme mit Zimmerpflanzen müssen nicht sein. Besuchen Sie einfach unsere Zimmerpflanzen-Online-Praxis
(www.pflanzenpraxis.de)
im Internet.
Hier finden Sie schnelle Hilfe zu allen Fragen rings um das Thema Zimmerpflanzen. Und viele kommentierte Links geleiten Sie sicher zu den schönsten Zimmerpflanzen-Sites im Web.

Bildnachweis

Blumenbüro Holland: Seite 2, 3, 4, 5, 6, 16, 35, 36, 37, 39, 40, 44, 52, 57, 59; Peter Himmelhuber: Seite 14 alle; W. Redeleit: Seite 30 u., 33; Reinhard Tierfoto: Seite1, 24, 28, 34 u., 38; Dr. K. Reithmeier: Seite 16 u., 17, 18, 19; Christine Steimer: Seite 9,12, 20, 21, 22, 23, 25, 26, 27, 29, 30 o., 32, 34 o., 41, 42, 45, 46, 47, 48, 49, 50, 53, 54, 55, 56, 58, 60, 61

Impressum

Die Deutsche Bibliothek – CIP-Einheitsaufnahme

Ein Titeldatensatz für diese Publikation ist bei der Deutschen Bibliothek erhältlich.

Dieses Buch folgt den Regeln der neuen deutschen Rechtschreibung.

Augustus Verlag München 2001

Umschlaggestaltung: Vera Faßbender, Augsburg
Umschlagfoto(s): Reinhard (vorne groß), Steimer (vorne klein und hinten)
Illustration: Anna Aisenstadt, Augsburg
Layout und Satz: Gesetzt aus der The Mix 9/12 Punkt von Uhl & Massopust, Aalen
Reproduktion: Uhl & Massopust, Aalen
Druck und Bindung: Offizin Andersen Nexö, Leipzig
Gedruckt auf chlorfrei gebleichtem Papier
Printed in Germany

ISBN 3-8043-7185-X

Register